走进"一带一路"丛书

浙江省社科联社科普及课题（20KPD14YB）

连接大西洋与太平洋的桥梁
巴拿马

李晨光 编著

The Republic of Panama

浙江工商大学出版社
ZHEJIANG GONGSHANG UNIVERSITY PRESS

·杭州·

图书在版编目(CIP)数据

连接大西洋与太平洋的桥梁:巴拿马 / 李晨光编著.
—杭州:浙江工商大学出版社,2021.5
(走进"一带一路"丛书)
ISBN 978-7-5178-4410-5

Ⅰ.①连… Ⅱ.①李… Ⅲ.①巴拿马-历史 Ⅳ.
①K747

中国版本图书馆 CIP 数据核字(2021)第 055975 号

连接大西洋与太平洋的桥梁——巴拿马
LIANJIE DAXIYANG YU TAIPINGYANG DE QIAOLIANG——BANAMA
李晨光 编著

责任编辑	张　玲
封面设计	林朦朦
责任校对	何小玲
责任印制	包建辉
出版发行	浙江工商大学出版社
	(杭州市教工路 198 号　邮政编码 310012)
	(E-mail:zjgsupress@163.com)
	(网址:http://www.zjgsupress.com)
	电话:0571-88904980,88831806(传真)
排　　版	杭州朝曦图文设计有限公司
印　　刷	杭州高腾印务有限公司
开　　本	880mm×1230mm　1/32
插　　页	4 面
总 印 张	4.75
字　　数	107 千
版 印 次	2021 年 5 月第 1 版　2021 年 5 月第 1 次印刷
书　　号	ISBN 978-7-5178-4410-5
定　　价	49.80 元

‖ 目　录 ‖

开篇

　　巴拿马共和国位于中美洲南部,分隔南、北美洲大陆,其官方语言为西班牙语。与国家同名的巴拿马运河连接地球上最大的两片水域——太平洋和大西洋,地理位置极为重要。巴拿马虽然与中国相隔辽阔的太平洋,但是两国人民的交往历史源远流长。1854 年,第一批从中国本土出发的华人移民抵达巴拿马之后,从首条连接两大洋的铁路,到贯通两大洋的运河,再到巴拿马脱离哥伦比亚独立,中国移民和其后继者无役不予,在巴拿马近现代史的每一个重要节点上都留下了浓墨重彩的一笔。2017 年 6 月 13 日,中、巴两国外长在北京签署了《中华人民共和国和巴拿马共和国关于建立外交关系的联合公报》,相互承认并建立外交关系,开启了两国 160 多年交往史的新纪元。同年 11 月 16 日—22 日,巴拿马总统巴雷拉对中国进行国事访问。其间,两国签署《关于共同推进丝绸之路经济带和 21 世纪海上丝绸之路建设的谅解备忘录》《关于铁路交通系统领域合作的谅解备忘录》和《关于开展产能与投资合作的框架协议》。巴拿马成为首个与中国签署共同推进"一带一路"建设谅解备忘录的拉美国家。2018 年 11 月 30 日,在对巴拿马进行国事访问前夕,中国国家主席习近平在巴拿马《星报》上发表题为《携手前进,共创未来》的署名文章,指出:"时代潮流滚滚向前,世界发展常变常新。中巴两国虽然相距遥远、国情千差万别,但都拥有极具奋斗精神、创造精神、追梦精神的人民。中巴关系发展离不开两国人民参与。让我们一起抓住机遇，只争朝夕，使中巴关系实现弯道超车、后来居上，使两国合作行稳致远，为建设更加美好的未来和更加繁荣的世界不断作出新贡献。"①

　　巴拿马，这个中美洲国家名字被国人广泛认识和铭记，始于 1915 年巴拿马太平洋万国博览会(又称巴拿马博览会、巴拿马赛会)的召开。为了筹备和总结这一盛会，一批图书发行面世。中国这次赴赛展品达 10 万件之多，盛况空前，刷新了历届与会的多项纪录。国人视巴拿马赛会获奖为莫大荣光，这成为民国初年的一个独特的经济现象和社会现象。

　　由于复杂的历史和现实原因，中华人民共和国成立之后，中巴之间并没有立即建立起外交关系。长期以来，学术界、出版界对该国的综合性研究和介绍不足：第一部以巴拿马概况为主题的专著于 1964 年面世；在时隔 40 载后的 2004 年，才翻译出版了法国作家 Hans M. Jankowski 的《巴拿马探秘》一书。《巴拿马探秘》以图文并茂的方式，向读者介绍了巴拿马的历史、地理、居民、风俗习惯、动植物、手工艺品等。2009 年，社会科学文献出版社的"列国志丛书"将中美洲的尼加拉瓜和巴拿马两国的信息汇集成册，但书中只介绍了巴拿马的基本情况。中国银行股份有限公司在 2016 年出版了《巴拿马》一书，为该行的巴拿马分行制定发展战略、规避经营风险、解决文化冲突、融入当地社会，提供实用性、前瞻性的指导和依据。在中巴两国正式建交的 2017 年，中国作家、摄影家余熙出版了《约会巴拿马》《你好，巴拿马》这两本以巴拿马为主题的文字图片作品，

---

　　① 《携手前进，共创未来——习近平在巴拿马媒体发表署名文章》，http://www.gov.cn/gongbao/content/2018/content_5350040.htm，2018年 11 月 30 日。

为读者呈现这个中美洲东南部地峡之国的魅力和风采。

　　论及单个主题,巴拿马运河无疑是我国学者最为关注的对象,目前已有多部相关专著或译作出版。此外,我国台湾地区也出版发行了一系列以巴拿马某一方面为主题的作品,其中既有对巴拿马政治、经济制度的研究,也有对巴拿马华人移民的研究。

　　综上所述,目前我国已出版的以巴拿马为研究主题和对象的著作数量不多,且绝大多数创作于20世纪,因此材料不够新颖,特别是缺乏对中巴两国建交后重要信息和动态的梳理。此外,多数作品只围绕巴拿马某一方面,特别是巴拿马大运河展开,在目前已有的作品中难觅浙江与巴拿马关系的相关信息。对于这样一个在历史和现实上极具战略意义,并在建交后双边关系呈现井喷式发展的国家,显然我国现有的研究成果和著作在数量和质量上均有不足,有必要进行系统而深入的研究与创作。

　　本书将在"一带一路"建设的新形势和中巴建交的新背景下,从巴拿马的历史、现状以及巴拿马与浙江的关系等三个方面展开,以历史为纵轴介绍巴拿马的过去和现在,以浙江与巴拿马的关系为支点重构中巴交往历史,描述中巴关系现状,展望中巴合作未来,借此让读者重新认识这个有着"镶嵌在中美洲地峡的一颗明珠"美誉的国家,为新时期中巴两国之间增加共识,化解矛盾,加强合作,提升交流的深度与广度提供素材和启示。此外,本书还可作为研究浙江对外交流史、浙江形象在巴拿马等拉美国家传播的基础文献材料,为浙江文化"走出去"贡献历史记忆和故事。

上篇

巴拿马的前世

原住印第安人，或有华夏基因

我们常常用上下五千年来总结中华民族的璀璨文明，但是若想对巴拿马历史进行溯源显然并非易事。巴拿马所在的美洲气候适宜、土壤肥沃、森林茂密、水源充足，并且是世界上食用、药用和经济类植物最为发达的地区——玉米、土豆、西红柿、木薯、可可、烟草、红辣椒、花生、菠萝、橡胶……许多如今我们日常生活中所必需的粮食作物都起源于美洲。然而，考古学家们迄今没有在其广袤的土地上发现猛犸象、长毛犀牛等远古动物生活过的痕迹，也没有遇到过古代猿人的化石，这里所有出土的工具和人类骨骼残骸都属于完全的智人，也就是现代人。因此科学界普遍认为，美洲大陆的原始居民并非源自本土，而是在旧石器时代末期，甚至可能晚至新石器时代初期从远方长途跋涉而来的。

地质学家们相信，巴拿马所在的美洲和欧亚大陆之间本来是连在一起的，在距今 6500 万年至 300 万年的地质时期第三纪，北美洲的格陵兰岛和北欧的挪威之间有一座横跨大西洋的天然陆桥。陆桥在第四纪早期坍塌，现在的冰岛和法罗群岛等地就是曾经存在过的桥体"残垣"。然而，生物遗传学的研究表明，美洲大陆上的土著居民——印第安人没有任何白人或黑人血统，由此我们可以判断，巴拿马和其他美洲地区的先民只能是通过欧亚大陆上的另一端——亚洲进入。

大约 5 万至 4 万年前，地球正处于两次冰川期之间的过渡期,气候和自然环境处于剧烈变化之后的相对稳定状态。分布在亚洲大陆东北部的人类部落由于追踪猎物、寻找食物、躲避灾害等,挥别之前定居的场所,朝着太阳升起的东方前进,一直来到了亚洲大陆东北部的边缘。打开世界地图我们马上就可以发现,白令海峡是北太平洋上连接亚洲和美洲两块大陆最近的一个通道。其中最狭窄的一段位于西伯利亚和阿拉斯加之间,宽度约 90 千米,而阿留申群岛和科曼多尔群岛则是横跨海峡接近完美的天然陆桥。

原本生活在亚洲的部落和人群到达白令海峡的时候,全球海平面比现在要低至少 100 米,海峡更加逼仄狭窄,露出的陆地和岛屿面积也远超现在。先民们在不同时期分批跨过白令海峡,先是到达今属美国的阿拉斯加,之后由北向南如扇形分布在美洲的大陆和岛屿上,完成了不同大洲之间的迁移。最新的一些研究成果表明,除了陆路,也有一部分美洲早期移民是取道海洋,从美拉尼西亚、波利尼西亚、澳大利亚等太平洋岛屿来到新大陆的。

虽然考古学家无法证明人类到达美洲大陆的准确时间,更没有证据证明他们是什么时候通过巴拿马地峡继续向南进发,去往南美大陆的,但是他们推测早在公元前 2.2 万年到公元前 1.2 万年之间,巴拿马所在的中美洲地区就有人类定居。有更为保守的专家认为,大概在公元前 9500 年到公元前 8000 年的更新世或者末次冰期,北美洲的大部分地区因被厚重的冰川覆盖而变得不适合人类居住,巴拿马地峡开始迎来了首批从北方逃离严寒的居民。

虽然美洲和巴拿马最早的居民是外来的,但不能由此认为美洲和巴拿马的文明不是自发产生的。公元前 9000 年,巴拿马地峡已经有人类居住。巴拿马境内发现的最古老的人类工具是古印第安时期的玉髓箭头,这些鱼尾形的箭头和在美国、墨西哥北部等地发现的从外观上看非常相似。制造箭头的材料是原始狩猎时代的大型哺乳动物的骨头,这些动物因为地球温度升高、水位上涨等而灭绝。

巴拿马因为其连接南、北美洲的特殊而重要的地理位置,在西班牙人到来之前,生活着许多印第安人部落,居民来源和构成在不同的地区也不一样:来自墨西哥和中美洲地区的纳瓦人和玛雅人,主要聚集在地峡西部以及太平洋沿岸的大部分地区,拥有先进的文化;来自哥伦比亚和安第斯区域的原始奇布查人,居住在巴拿马地峡的东部(达连)地区,主要从事农业和金银器等手工艺行业;来自安第斯的加勒比人,主要分布在大西洋沿岸以及达连湾地区,以捕鱼、打猎、经商、园艺、种植等活动谋生,擅长制造和使用工具。根据巴拿马历史学家的估算,截至15世纪末,巴拿马地区有60多个部落、50万左右的总人口。①

值得一提的是,美洲大陆的商业活动并不是在欧洲人到达后才出现的。外来殖民者到来之前,美洲的土著居民之间就开始非常频繁地进行商业交易了。而巴拿马就是古代各文明中心进行商品、作物、人员、技术交流和沟通的必经之地:玉米通过这里从原产地中美洲传入南美洲的安第斯地区;与此同时,安第斯地区更为先进的金属冶炼技术由南向北,传入中、北美洲。

哥伦布首航美洲最早到达的是加勒比海地区,他笔下记录描述的美洲印第安人从外形上看有不少特征跟亚洲人相

---

① 汤小棣、张凡:《列国志:尼加拉瓜、巴拿马》,社会科学文献出版社2009年版,第241—242页。

似——介于淡黄色和深棕色之间的肤色、乌黑笔直的头发、稀疏不浓密的毛发、棕色上挑的眼睛、高突的颧骨、并不突出的身高等等。这属于典型蒙古人种的体貌特征，和中国人的长相极为相似。实际上，美洲土著居民作为一个整体，其体貌特征并没有复制任何一个东方人种。因为亚洲移民最初分批在不同时间段到达美洲并陆续迁转到大陆的不同地区，在彼此融合中形成了独特的美洲人种。

1761 年，法国汉学家德·吉涅(J. de Guignes)在向法国文史学院提交的研究报告《中国人沿美洲海岸航行及居住亚洲极东部的几个民族的研究》一文中，将中国和美洲联系在了一起，他认为中国史书上记载的 5 世纪下半叶佛教徒访问的海外神秘国度扶桑就是美洲，在世界范围内首次提出了中国人最早发现美洲的假说，在学界引起持续的关注和讨论。更有西方学者提出，公元前 1000 年，可能有大批败于西周军队的殷人渡海逃亡，漂泊到美洲西海岸，在今墨西哥地区建国定居。[①]

中国正史中关于扶桑国的记载可追溯到《梁书·诸夷传》，此后古史文献对扶桑的描述，均参考《梁书》原文："扶桑国者，齐永元元年，其国有沙门慧深，来至荆州，说云：扶桑在大汉国东二万余里，地在中国之东。其土多扶桑木，故以为名。扶桑叶似桐，而初生如笋。国人食之。实如梨而赤，绩其皮为布，以为衣，亦以为绵。作板屋，无城郭。有文字，以扶桑皮为纸。无兵甲，不攻战。"[②]

经过我国著名历史学家罗荣渠的严谨考证，扶桑国即便存

---

① 张维训：《古代中国人是否到过美洲》，见李炳清、施宣圆：《历史之谜》，人民日报出版社 1991 年版，第 5—7 页。

② 姚思廉：《百衲本二十四史·梁书》(第 13 册)，商务印书馆 1944 年版，第 123 页。

在,其地理方位北不会超过库页岛,东不超过日本,西不超过贝加尔湖地区。[①] "殷人航渡美洲"以及其他关于中国人早于哥伦布到达美洲的猜想和推测也缺乏确凿而可信的科学根据,至今没有获得学术界的认可。

---

　①　罗荣渠:《美洲史论》,商务印书馆 2009 年版,第 39 页。

寻找契丹的哥伦布，曾在巴拿马海岸巡视

巴拿马和其他美洲地区的土著居民——印第安人未能创造出自己的文字系统，没有史料文献去精确还原他们远古时代的生活。历史学家根据考古发现推测，分布在巴拿马绵长海岸线的原住民生活相对简单宁静，他们靠捕鱼为生，同时也发展起了种植业和商业。1492年8月3日，在哥伦布的带领下，从西班牙南部海港帕洛斯（Palos）出发的3艘帆船彻底改变了美洲的历史和印第安人的命运。如今巴拿马人所说的自己民族500年文明就是从16世纪初西班牙人正式到来算起的。

1451年，哥伦布出生于意大利半岛上的热那亚，从青年时代就确定了自己毕生的事业和目标——航海，并辗转奔波于欧洲主要的海港城市，为了实现自己的梦想努力寻找机会，孜孜不倦地学习最新的知识和技术。

1476年，壮志凌云，渴望干一番大事业的哥伦布来到了当时欧洲航海技术和知识的中心——葡萄牙首都里斯本。在那里他读到了佛罗伦萨数学家、物理学家保罗·托斯卡内利写给葡萄牙王室的书信，知晓了大汗统治下契丹国（Cathay）的盛况：

"用我们的话说，大汗就是王中之王，他大部时间住在契丹省。他的祖先曾想和基督徒交好，大约二百年前，他们曾派遣使节谒见教皇，请求派遣众多学者和导师，宣讲我们的信仰，但这些使臣在途中受阻，未到罗马就返回了。尤金尼尼斯教皇在

位时，又有使臣来谒，向教皇陈述对基督教的友好情谊。我和这位使臣曾长谈阔论，涉及诸如他们皇宫的宏伟，河流惊人的宽阔流长，城镇多到只在一条河两岸就有二百多个城镇。大理石造的宽敞长桥上点缀着无数的石制栏柱。这个国家是迄今所知的最富饶的国家。它不仅生产着许多财富和贵重物品，还有大量的金银财宝和各种香料，目前还未传到我们国家来。而且确有许多学者、哲学家及天文学家，以及众多的能工巧匠管理着国家和指挥战争。"[1]

更为重要的是，他还获知，从欧洲到达契丹拜访大汗并非不可能完成的一项任务：按照地图，从里斯本向西行 26 格，每格为 250 里，就可到达一个非常宏伟的京师城（Quinsay）。此城周长约 100 里，有石桥 10 座。哥伦布继承又发展了托斯卡内利提出的航海路线图，他认为从西班牙到亚洲总距离只有 3900 海里[2]，从欧洲出发越过大西洋到亚洲去，成为这位航海家坚定不移的信念。然而葡萄牙国王若昂二世对他的计划不感兴趣。1484 年，壮志难酬的哥伦布终于下了决心，离开葡萄牙到它的邻国卡斯蒂利亚王国[3]寻找机会。

1492 年 1 月 2 日，西班牙的伊莎贝尔女王和费尔南多国王入主摩尔人酋长国格拉纳达，为收复失地运动画上了圆满的句号，结束了阿拉伯人在西班牙所属的伊比利亚半岛上 700 多年的统治。4 月 17 日，两位国王联合签署了"圣塔菲协定"

---

① 保罗·托斯卡内利书信内容参见张至善：《哥伦布首航美洲：历史文献与现代研究》，商务印书馆 1994 年版，第 122—125 页。

② 萨尔瓦多·德·马达里亚加著，朱伦译：《哥伦布传》，人民文学出版社 2011 年版，第 95 页。

③ 卡斯蒂利亚（Castilla）王国是西班牙 1492 年统一之前最为强大的王国，领土范围包括伊比利亚半岛（Península Ibérica）北部大部分地区、中部和整个西南地区。

(Capitulaciones de Santa Fe)，批准了哥伦布向西航行到达亚洲的大胆计划。哥伦布率领的船队在往返欧洲和美洲大陆的 4 次航行中，一直在寻找大汗统治下的契丹，以求向大汗递送西班牙王室所写的国书：

> 至尊贵之君王陛下，至敬爱之我友（空白）：
>
> 　我等乃卡斯蒂利亚、阿拉贡、莱昂、西西里、格拉纳达等王国之国王斐迪南及伊莎贝拉[①]向陛下问安祝福。
>
> 　自我等某些臣民及其他来自贵国之人士得知，陛下对我等及我等之国家表示出何等之倾慕，并抱有极大之兴趣，欲了解我等之事务。为此，兹决定向陛下派出持此信者，我等之优秀船长哥伦布。陛下可从彼获知我等繁荣乐土之近况，以及我等授权其向陛下讲述之其他事物。故请陛下可对其深信不疑。如蒙关照，将不胜感激之至。我等亦乐于接受陛下之祝愿。[②]

哥伦布生前共进行了 4 次往返欧洲和美洲的航行，在 1502

---

① 即费尔南多国王和伊莎贝尔女王。

② 1492 年 4 月 30 日在战胜伊比利亚半岛上最后一个穆斯林王国，取得西班牙历史上著名的"反征服战争"（Reconquista）的胜利后，西班牙天主教国王在格拉纳达市（Granada）共同签署了致大汗国书。因不了解契丹国王的名号，谨慎起见，国书开头保留空白留待哥伦布取得觐见大汗的机会前自行填写。国书内容参见阿拉贡王国档案馆（Archivo de la Corona de Aragón），N. 3569，F. 136 RT^O-136VT^O；参见张至善：《哥伦布首次西航时所带致大汗的国书初探——阿拉贡王室档案馆收藏的通行证书和介绍公函》，《北京师范大学学报》（社会科学版）1994 年第 1 期，第 92—95 页。

年的第四次新大陆探险之旅中,他曾经带领船队在中美洲的海岸线上,也就是今巴拿马地区巡视。这是他与巴拿马之间距离最近的一次相遇。很多史料记录了哥伦布在这次航行中从土著居民处获取大量一手信息的经历。哥伦布在给西班牙国王的信中也提到,巴拿马地区有非常丰富的黄金,那里的居民把黄金戴在头、脚和手臂上,用黄金装饰椅子、箱子和桌子,女人们从头到后背都戴着金子做的饰品。同时他也注意到巴拿马地峡地区是美洲居民进行商品交换的重要场所,许多载满弓箭、铠甲、衣服等各种货物的船只到那里交易。哥伦布留下的文字和其他征服者的见证激发了西班牙人对美洲大陆的想象,地峡一带有了"黄金之城"之称。

　　1506 年 5 月 20 日,哥伦布在西班牙中部城市巴亚多利德去世。直到生命的最后时刻,他都不知道自己率领船员发现的是今天的加勒比海诸岛和包括巴拿马在内的美洲大陆沿岸地区,而是深信已经到达了传说中的契丹,也就是中国。

辗转曲折斗争不断，
巴拿马摆脱西班牙殖民统治

　　1492 年，哥伦布到达美洲新大陆，不过发现巴拿马地峡的却另有其人。1493 年，西班牙塞维利亚市特里亚纳区公证员罗德里戈·德·巴斯蒂达斯(Rodriguez de Bastidas)决定到外边的世界去闯一闯，他报名参加了哥伦布的第二次美洲远航。1500 年，巴斯蒂达斯本人得到了西班牙王室颁发的西航许可证，获准去探索哥伦布和其他航海家没有到过的地方及岛屿。

　　1501 年，巴斯蒂达斯率领"圣安东号"和"圣玛丽号"两艘探险船从西班牙南部海港城市加的斯出发，扬帆起航驶向新大陆。船队到达今南美洲国家委内瑞拉沿岸后，他率领全体海员向西勘察了整个巴拿马的海岸线，成为第一个到达巴拿马地峡的西班牙人。不幸的是，由于受到船蛆的侵蚀，船只状况越来越糟糕，巴斯蒂达斯不得不掉头返回作为殖民者基地的圣多明哥(西班牙岛)，待休整后再出发。然而，就在他快要到达圣多明哥的时候，他的船只还是没能逃脱沉没的命运。万幸的是，仓促之中逃上岸的巴斯蒂达斯抢救出了一些黄金、珠宝等，这些财富成了救命钱。他靠着这些财富和当地土著交换食物，最后步行到达了圣多明哥。造化弄人，到达西班牙人的基地之后，迎接巴斯蒂达斯的不是解脱，而是因非法与当地土著进行交易被总督弗朗西斯科·德·博瓦迪利亚(Francisco de Balbadilla)逮捕的厄运，并最终被遣送回了西班牙。

1502 年,巴斯蒂达斯在西班牙本土被王室判定无罪。同年 5 月,哥伦布开始了他的第四次,也是最后一次探索新世界之行。在季风的帮助下,哥伦布的舰队顺利到达新大陆,并在巴拿马地峡的几个港口登陆。

虽然巴斯蒂达斯和哥伦布曾经相继踏上了巴拿马的土地,也带回了关于这片土地上遍地财富和黄金的信息,但是真正在巴拿马扎根并建立起政权的却另有其人,他的名字直到今日仍被印在巴拿马货币上,他就是——巴斯克·努涅斯·德·巴尔博亚(Vasco Núñez de Balboa)。

巴尔博亚是巴斯蒂达斯的部下,来巴拿马之前在圣多明哥从事农业活动。在巴尔博亚的领导和筹划下,西班牙人取得了对生活在巴拿马地峡一带土著人战争的胜利,于 1510 年在今哥伦比亚和巴拿马交界地带建成了西班牙在美洲大陆上的第一座城市圣玛丽亚·安提瓜·德尔达连(Santa María la Antigua del Darién)。这次战争的胜利为巴尔博亚赢得了声誉,他被推选为城市的首任市长(Cabildo)。在任期间,巴尔博亚在继续领导西班牙人兼并征服原始部落的同时,也在大力发展殖民地的农业。随着西班牙人控制地区面积的不断扩大,经济状况也在持续好转,这为意义更加重大的后续扩张积蓄了力量。

1513 年 11 月 1 日,巴尔博亚带领 190 名部下离开圣玛丽亚市,在向巴拿马地峡东部地区进发的过程中,又将败在西班牙人手下的 1000 多名印第安人收编入探险队。12 月 25 日,探险队爬上了今巴拿马太平洋丘库纳克(Chucunaque)河岸的山峰。在这座山的山顶,巴尔博亚将不远处太平洋绵长而平静的海岸线尽收眼底,他明白自己发现了一个前辈征服者没有到达过的海域。快马加鞭到达海边后,巴尔博亚一手持剑,一手持印有圣母玛利亚头像的旗子,跃入海水中宣誓,宣布南海的这片海域和沿岸所有的地方都属于至高无上的上帝和卡斯蒂利亚国王。这片被巴尔博亚称作南海的水域就是我们现在所说的太平洋,这一伟大发现极大地提升了巴拿马的战略地位——土地面积虽然不大,却是沟通大西洋和太平洋的天然地峡。

1514 年 1 月,巴尔博亚满载而归,但是让他始料未及的是,西班牙王室听信了宿敌对他的指控,从本土任命了佩德罗·阿里亚斯·德维拉(Pedro Arias de Ávila)为新的殖民地长官。双方开始了针锋相对的斗争。1517 年,手握大权的德维拉逮捕并处死了年仅 40 岁的巴尔博亚。清除了最大的政敌后,德维拉带着自己的人马来到了太平洋沿岸,1519 年,在一个被印第安人称为"巴拿马"(意即"大量的鱼",也有说法为"蝴蝶")的小渔村建立了巴拿马城,这里成了西班牙人在中美洲地区新的权力中心。与此同时,巴拿马地峡大西洋加勒比海沿岸一个没落的殖民者据点"上帝之名"(Nombre de Dios)也被重建了起来。两个城市成为跨越巴拿马陆路运输线的两端,这条路线被西班牙当局称为"皇家大道",其重要性不言而喻。

至此,西班牙人对巴拿马的征服终于接近了尾声。在西班牙人的影响下,巴拿马地区的印第安人开始信仰天主教,西班牙语、西班牙文化开始在当地传播和普及。西班牙人在巴拿马地区广辟农场,开始种植水稻、橙子、柠檬、石榴、无花果、甜瓜、西瓜等农作物。他们还将原来生长在欧洲大陆的牛、马、猪、羊等家畜和鸡、鸭、鹅等禽类引进美洲,甚至还带来了猫、狗等宠物,这些都是美洲土著居民原来闻所未闻、见所未见的新鲜物种。

在西班牙对美洲殖民期间,巴拿马曾经起着举足轻重的作用。巴拿马是西班牙和新大陆往来的交通枢纽,也是西班牙征服者运输美洲殖民地物资的集散地:西班牙人把他们从南美洲太平洋沿岸获得的财富首先运到巴拿马城,然后用骡子将金银和其他的物资,通过皇家大道运送到加勒比海以"上帝之名"为代表的港口城市,之后再统一打包上船运回西班牙本土。巴拿马的一城一港发挥了无法替代的作用,它们不仅是西班牙帝国财富的通道,也成为整个欧洲资本主义的资本和资源原始积累不可或缺的一环。据历史学家估计,在1531—1660年,西班牙殖民者在新大陆榨取的60%的财富是通过这条线路运回西班牙的。

　　1521年,根据西班牙皇家法令,巴拿马城正式获得帝国法律的承认,同时取得了时任国王卡洛斯一世(Carlos I)授予的徽章。1542年,经西班牙王室批准,秘鲁总督辖区成立,巴拿马地峡地区为其管辖范围。西班牙在美洲获得的巨额财富让欧洲其他国家艳羡不已。1572年开始,英国人弗朗西斯·德雷克(Francis Drake)率先发起了针对巴拿马大西洋沿线港口的骚扰,抢夺西班牙人汇集到这里准备运送回祖国的金银和货物。因无法在"上帝之名"城附近较为开放的锚地有效迎击外敌,西班牙殖民者不得不把皇家大道大西洋一端的终点迁移到更为隐蔽和安全的地点。1584年,西班牙国王菲利普二世下令,在波托贝罗海湾(Puertovelo)修建一个更加安全的港口。1597年,波托贝罗港在一个仅有10座小茅屋大小的地方破土动工,仅仅5年之后,这里就成为西属美洲最重要的一个港口。

　　然而,从17世纪开始,英国、法国、荷兰、葡萄牙等国的船只蜂拥而至,纷纷在加勒比地区抢夺殖民地,袭击西班牙商船,不断登陆地峡掠夺财富,两大中心城市——波托贝罗港和巴拿马城先后遭到洗劫。波托贝罗港是一个布袋形的海港,具有易守难攻的天然优势,西班牙人为了保证港口的安全相继在周围建设了很多防御工事,以保障他们从新大陆获得的财富平安地运回西班牙。然而即便如此，还是无法阻挡海盗们对财富的狂热渴望，其中，有官方支持的英、法冒险家尤为猖獗。1668 年，英国人亨利·摩根（Henry Morgan）带领 460 名部下突袭波托贝罗港，英国人搜遍城市的每一个角落，带走了总价值 26 万比索的金银、宝石、香料和纺织品。

1671 年，曾经取得波托贝罗港偷袭战胜利的亨利·摩根率领手下进攻巴拿马城。西班牙守军伤亡惨重，至少 600 名士兵在这次战争中牺牲。束手无策的巴拿马总督古斯曼（Guzman）在绝望之际为了不让城市落入敌人之手，在大量的木制房屋周围放置了火药桶。摩根的炮火引爆了火药，大火蔓延了整个城市，一直烧到第二天才熄灭。整个巴拿马城最后只剩几座石头建筑，即今天仍可参观的巴拿马古城。1673 年，在今天巴拿马城所在的位置，西班牙人艰难地复建了城市，并大大加强了防御工事以抵抗攻击。

18 世纪开始，因为美洲矿产资源开采过度，产量急剧减少，巴拿马海岸线上的走私和海盗活动频繁，巴拿马地峡贸易通道日趋冷清。1718 年，西班牙王室在美洲建立新格拉纳达总督辖区，管辖范围包括今天的巴拿马、哥伦比亚、厄瓜多尔和委内瑞拉等国家和地区，政治中心位于波哥大，皇家大道也划归新成立的总督府管辖。1739 年，英国和西班牙开始了争夺对巴拿马地峡控制权的战争。英国海军中将爱德华·弗农（Edward Vernon）率领 6 艘战舰、2735 名士兵从波托贝罗港的正面发起进攻。守城的西班牙军队虽然奋力抵抗，但是地方长官弗朗西斯科·马丁内斯·德雷特斯（Francisco Martinez de Retez）和海岸警备司令弗朗西斯科·德阿波洛亚（Francisco de Aboroa）见大势已去遂签署了投降书。波托贝罗港彻底沦陷，灰心丧气的西班牙人再也没有信心重建这座港口。安全起见，1740 年以后,从太平洋港口起航的西班牙船只开始启用一条直接绕过美洲南端合恩角的航线回到西班牙,昔日繁华的皇家大道被弃用,巴拿马元气大伤,沦落为粮食也需要从他处进口的新格拉纳达边缘地区。

18世纪末开始,美洲局势波云诡谲,各方势力蓄势待发。北美打响独立战争,脱离了英国的统治建立美利坚合众国;之后,海地黑人利用法国大革命的有利时机发动了争取独立的起义斗争,并在1804年1月1日成为拉丁美洲第一个独立国家;西属美洲各国开始谋求脱离西班牙的统治,追求独立自治的地位。巴拿马城的守城上校、土生白人何塞·德·法布雷卡(José de Fábrega)在地峡人民的支持和见证下,正式宣布巴拿马和西班牙脱离关系。1822年1月4日,法布雷卡和西班牙军队指挥官签订和平条约,双方共同商定,西班牙撤出巴拿马地峡上的全部军队和船只,并保证不再对巴拿马动武。

巴拿马由于自身的军队和兵力不足,对于独立之后的发展也没有完善、明确、清晰的规划,再加上担心西班牙等其他欧洲国家卷土重来,经过审慎选择,排除了南入秘鲁、北并墨西哥的可能,最终决定加入联邦制国家——大哥伦比亚共和国。

1826年6月至7月,先后领导军队从西班牙殖民统治中解放了哥伦比亚、委内瑞拉、厄瓜多尔、巴拿马、秘鲁和玻利维亚,有"南美洲的解放者""委内瑞拉国父"之称的西蒙·玻利瓦尔(Simón Bolivar)召集已经独立的墨西哥、中美洲联邦共和国、哥伦比亚和秘鲁,在巴拿马城举办四国会议。玻利瓦尔在大会上力主西属美洲共和国联合起来,签署永久联盟条约,然事与愿违,由于种种原因,美洲暂时无法达成团结和一致。

19世纪30年代开始,巴拿马所属的大哥伦比亚共和国分崩离析。1830年,委内瑞拉和厄瓜多尔独立建国。大哥伦比亚共和国次年更名为新格拉纳达共和国,19 世纪 60 年代起启用新国名——哥伦比亚,其领土范围包括被划分为巴拿马和贝拉瓜斯(Veraguas)两省的地峡全境。巴拿马人对该行政区划方式一直心存芥蒂,再加上其他的历史和现实原因,在以后的几十年时间里,数次发起脱离哥伦比亚的独立运动。

多国角力竞争运河修建权，
巴拿马艰难曲折获独立

运河是人类伟大的创造和发明，广泛分布在世界上各个地区和国家。据不完全统计，包括世界上最长的京杭大运河、连接大西洋和太平洋的巴拿马大运河、贯通埃及苏伊士地峡通联地中海和红海的苏伊士运河等著名工程在内，全球 52 个国家共开凿了 520 多条运河，它们曾经甚至现在仍然发挥重要的作用。如今回溯巴拿马 19 世纪脱离西班牙殖民统治到 20 世纪初终于从哥伦比亚独立的历史，可以发现它在时间上与"世界七大工程奇迹"之一和有"黄金水道"之称的巴拿马运河工程从筹划到建设的过程偶合相关，互为因果。

由于巴拿马的特殊位置和地形，在地峡修建一条联贯太平洋和大西洋的运河供来往船只通行，这个宏伟且现实意义重大的计划由来已久，最早的殖民统治者西班牙王室就曾多次讨论方案的可行性。1534 年 2 月 20 日，西班牙卡洛斯一世国王下旨命令巴拿马地区的殖民当局对在地峡修建运河的可能性进行调研。虽然方案具有一定的可行性，但是因无力支付工程所需的巨额费用，只能作罢。17 世纪初，西班牙王室旧事重提，国王菲利普三世(Felipe III)再次下令研究在达连(Darien)的圣米格尔(San Miguel)海湾和内河之间开凿运河的方案。主管西属美洲殖民地事务的印度委员会(Consejo de Indias)认为，运河开通后，其他欧洲国家的船只和人员会闻讯前来开展贸易，

将对西班牙人的权力和安全造成很大的威胁,运河的规划再次
搁浅。

17世纪末,觊觎西属美洲殖民地财富和领土的英国人为了
修建世界上第一条连接太平洋和大西洋的运河进攻巴拿马,英
格兰银行创始人威廉·帕特森(William Patterson)率领1200
人,在巴拿马今圣布拉斯地区(San Blas)的沿海地带建立殖民
点,伺机启动运河工程。后因为种种原因,英国人放弃了领地,
离开巴拿马。

脱离西班牙的殖民统治后,巴拿马加入大哥伦比亚共和
国,成为其4个盟国之一。1825年,大哥伦比亚共和国向美国
提出共同修建运河的计划,并在次年以政府名义和美国商人签
订了开凿运河的合同,后因无法筹集到足够的资金未能如约
开工。

19世纪30年代,大哥伦比亚共和国内部动荡不安,分崩离
析。1830年,玻利瓦尔辞去共和国总统职位之后,委内瑞拉和
厄瓜多尔先后宣布独立,巴拿马各方不满共和国新任领袖的统
治,内部自治建国的呼声愈演愈烈。当年9月26日,地峡军事
长官何塞·多明戈·埃斯皮纳尔(José Domingo Espinar)宣布
巴拿马独立,并预备将巴拿马的领导权交给玻利瓦尔。然而不
幸的是,"南美洲的解放者"此时已病入膏肓,无法担当起如此
重任。巴拿马历史上首次独立建国行动遗憾失败。在玻利瓦
尔的建议下,巴拿马于1830年末重新回归大哥伦比亚共和国。
然而巴拿马的独立派很快卷土重来,在大哥伦比亚共和国分裂
并更名为"新格拉纳达"、中央政府控制力进一步减弱之际,利
用国内高涨的民族主义情绪,1831年7月9日,独裁者胡安·
埃利吉奥·阿尔祖鲁(Juan Eligio Alzuru)再次宣布巴拿马独
立,但其很快引起了巴拿马人的不满,最终被赶下台并处以极

刑。1839年,新格拉纳达爆发战争,此时的巴拿马人不愿卷入流血冲突中,于是有了历史上第三次独立的努力。1840年,"地峡国"宣告成立。不过巴拿马人的这次独立依然没有维持多久,经过与中央政府的谈判,1841年巴拿马再次并入新格拉纳达。

19世纪20年代起,美国以门罗主义为旗号,在反对欧洲国家在美洲夺取殖民地的同时,不断扩大自己的领土和势力范围。1846年12月12日,美国和新格拉纳达签订条约,开始在巴拿马地峡驻军以保护新格拉纳达的主权和领土不受侵犯,作为交换,新格拉纳达政府授权美国在巴拿马地峡自由通行,巴拿马此后的独立进程变得和美国休戚相关。与此同时,美国在北美洲的扩张成果以出其不意的方式影响着巴拿马的命运——地峡之间连接太平洋和大西洋的铁路线建成通车。

1846—1848年,美国和墨西哥之间爆发战争,获胜方美国吞并了黄金储备丰富的加利福尼亚地区,国内出现了历史上著名的"淘金热"。由于美国西部落基山的险恶地理条件和河流的阻挡,东部民众为了前往西部不得不离开国境,南下至巴拿马,跨越地峡后取道太平洋海路到达加利福尼亚地区。为了满足美国公民的需求,纽约的几位投资人合伙成立了"巴拿马铁路公司",从新格拉纳达当局手中取得了建设地峡通道的许可。经过勘测和调研,美国人排除了公路和运河的可行性,最终决定在巴拿马城和科隆之间修筑一条跨洋铁路线。1850年,工程正式开工;1855年1月,与今天运河几乎并行的铁路线投入运营。获得铁路线特许经营权的美国公司获利颇丰,通车仅4年就收回了修路成本,同时也促进了巴拿马本地的经济和社会发展。

地峡铁路吸引越来越多的美国人入境巴拿马跨越大洋旅

行,也由此不可避免地引发了旅客和当地民众的冲突,19世纪下半叶,美国政府6次派海军入侵巴拿马,以保护铁路和本国人员利益之名,加强对地峡地区的控制。巴拿马铁路满足了美国人开发西部交通的需求,但是从美国的东部出发到西部,不仅必须出境绕道他国,还要在轮船和火车等不同的交通工具之间反复更换,如果有一条沟通太平洋和大西洋的航道,乘客就可以在美国港口登船直接到达目的地,于是开凿运河沟通两洋的讨论卷土重来,甚嚣尘上。这一时期美国首选的运河的开凿地点并不是巴拿马,而是稍北的尼加拉瓜。1850年,英、美两国签订《克莱顿-布尔瓦条约》,两国约定在对方不参与的情况下,不单方在尼加拉瓜修建运河,以避免在这一问题上的利益冲突。

然而,法国人捷足先登。1878年,在对巴拿马多次实地勘测之后,法国从新格拉纳达中央政府处获得了在地峡修建运河的特许权,并成立了由苏伊士运河工程负责人费尔迪南·德雷赛(Ferdinand de Lesseps)任负责人的运河公司。1880年1月1日,运河的开工仪式在德雷赛的主持下举行,工程原计划耗时12年,完工通航后法国获得90年的租借期。

运河开始施工后,各种困难纷至沓来:首先,由于对巴拿马地峡地形的认识不足,工程师们发现之前确定的海平面标准直通式运河的方案在现实中无法实现,只能临时调整为船闸式;其次,巴拿马潮湿闷热,工地生活环境恶劣,黄热病、霍乱等流行病在劳工中暴发、流行,死亡惨重;再次,运河公司的融资遇到了困难,美国阻挠法国政府为工程筹资的债券做担保。1889年9月15日,运河公司宣布破产。在此期间,法国已投入约14亿瑞士法郎的资金,上万名劳工丧生,工程已完成了将近40%。1894年,另外一家法国公司本想在已有的基础上重新启动运河工程,但最后也以失败告终。

19世纪下半叶,与运河工程一样如火如荼进行的是巴拿马国内的独立运动。随着新格拉纳达共和国执政党的交替,不同党派对巴拿马的态度和政策有所不同,巴拿马自治权也处于授予和收回的循环之中,巴拿马地峡的政局极为不稳,半个世纪的时间里有40届政府轮流上台执政,爆发了5次脱离中央政府独立建国的运动,美国曾经13次派兵平息该地区的动乱和矛盾。而巴拿马最终得以建国,则是在美国收购了法国公司的全部资产,接过修建运河任务之后发生的。

1901年,美国与英国重新立约,废止了1850年双方关于共同建设、开发运河的约定。扫除这一障碍后,美国国会于1902年6月通过《史普奈法案》(Spooner Bill),授权时任总统罗斯福收购法国运河公司的全部资产、设备和已经完成的工程,并就开凿和运营运河的事宜和新格拉纳达即哥伦比亚政府展开谈判。1903年1月,美国与哥伦比亚政府就运河事务达成共识,双方准备签订《海-艾尔朗条约》(Hay-Herran Treaty)。美国收购运河公司后将获得其一切权利。工程完工后,美方获得横跨运河、宽10千米的运河区的百年使用权,美国一次性支付1000万美元,并每年支付25万美元作为租赁费。由于在费用上没有达成一致,哥伦比亚议会没有批准美国修建运河的相关协议。

恰巧此时,巴拿马正在酝酿另一场脱离哥伦比亚的革命。1903年,在巴拿马铁路公司代理人奥古斯丁·阿兰戈(Augustin Arango)等地峡地区上层人士的领导下,"革命委员会"成立。巴拿马的独立运动得到了法国和美国两个大国的支持:法国运河公司急于和美国签订运河修建转让合同,美国时任总统罗斯福不仅同意运河公司代表——法国人布瑙·瓦利拉(Bunau Varilla)资助巴拿马的独立运动,还直接派出海军保护革命委员会发动反对哥伦比亚政府的叛乱。1903 年 11 月 4 日,巴拿马正式宣布独立,并在巴拿马城成立临时政府,革命委员会领导人之一曼努埃尔·阿马多尔·盖瑞罗(Manuel Amador Guerrero)就任共和国的第一任总统。几天之后的 11 月 13 日,美国正式承认独立之后的巴拿马。

新政权还在襁褓之中,11 月 18 日,布瑙·布利拉以巴拿马政府外交代表的身份在华盛顿和美国国务卿约翰·海(John Hay)签订了《巴拿马运河条约》,美国取得了修建和使用巴拿马运河的诸多特权:永久使用、占领和控制运河周边 16 千米宽的地带,以及地带两端之外 3 海里的海域;获得运河运营所必需的其他地域或水域,其后,巴拿马城、科隆等处于运河区的地峡主要城市都为美国所控制;美国在运河区内掌握实际意义上的主权。条约签订后,美国人在运河区不仅设置了交通口岸,还在海关、税务、邮政等事务上独立管辖。作为回报,美国一次性向巴拿马支付 1000 万美元,条约批准 9 年后,每年再支付 25 万美元。

在美国的施压下,巴拿马新的权力机关在 1903 年 12 月批准了该条约。1904 年 2 月,条约在美国参议院获得通过,工程不久后重新启动。1914 年 8 月 15 日,全长 80 多千米的巴拿马运河试航成功,从此开启了美、巴两国在运河上近百年的争议和矛盾:根据两国之前的条约,美国认为其可在运河区行使完全的主权;巴拿马则坚持认为美方的权利仅限于运河的修建、运营和防卫。巴拿马运河让来往于太平洋和大西洋之间的海路更加畅通,但也给巴拿马带来新的问题和挑战。

美国强占大运河，
多年抗争巴拿马收回主权

　　巴拿马 20 世纪初独立建国以来，最主要的对外双边关系无疑是与美国之间的。这个西半球最大的国家曾经影响甚至左右了巴拿马的发展道路。两国 1903 年签订的《巴拿马运河条约》不仅仅是美国和巴拿马之间关于建造一条连接大西洋和太平洋航道的约定，借由这一世纪工程，巴拿马取得了美国对其独立的认可和支持，美国则实际上掌握了巴拿马运河的修建、使用和管辖权。这一历史既成事实决定了巴拿马人在 20 世纪上半叶对美国最为直接和深刻的态度认知，反对美国帝国主义式的干涉和控制，收回运河和全部国家主权是巴拿马人民的心声。

　　1904 年，巴拿马正式颁布独立后的宪法，确定了三权分立的原则，总统和立法机关由全民直选产生。在国家和地方关系上采取单一制的治理模式，省级官员由中央政府任命，市级官员由地方居民选举产生。20 世纪初期，历经沧桑的地峡人民终于拥有了崭新的国家，然而美国从一开始就深深影响了巴拿马共和国的前途和命运，在建国的首部宪法中明确规定，美国有"恢复公众和平与宪法秩序"的权力。

　　1904 年，美国人正式接棒法国运河公司搁置的巴拿马运河工程，罗斯福总统任命美国陆军工程部队的乔治·华盛顿·哥沙尔(George Washington Goethals)上校负责主持这一世纪工程的修建。他们吸取法国人在设计上的失败教训,决定修建水闸式运河,但是劳工的难题迎面而来:巴拿马全国总人口数只有 30 万,巴拿马城仅有 2 万多人,不可能提供大量本土劳动力。美国在西印度群岛、南欧、非洲、东南亚、中国雇用数万劳工的同时,又在工程卫生防疫官威廉·克劳福德·戈尔加斯(William Crawford Gorgas)的主持下,出台了一系列措施消除之前工地上流行的传染疾病,保障了工程的进度,并最终在 1914 年 8 月 15 日完工。6 年之后,1920 年 7 月,美国最终宣布巴拿马运河向世界开放。

运河的开通给美国带来了巨大的经济利益。据统计,早期通过巴拿马大运河的船只 70% 发自美国或以美国为目的地,美国在巴拿马运河的货物运输量占到其对外贸易总量的 40%。如果没有巴拿马运河,美国每年至少要损失 1% 的国民收入。不仅如此,美国还在管理、经营运河中获取巨额利润。自 1920 年运河向国际开放到 20 世纪 80 年代这 60 年中,美国从运河过往船只中收取的费用高达 450 亿美元。为了保住这一经济命脉,美国加强了对所谓运河区的管理:美国人任命自己的总督,设立独立的法院和警察局,实行美国法律,悬挂美国国旗,派驻美国军队,规定未经美国人许可,巴拿马人不得入内。运河区俨然成为美国在巴拿马设立的"国中之国"。

与此同时,美国也强化了对巴拿马独立政权的干预。巴拿马建国早期,在美国的建议下,解散了军队,仅设国民警察部门来维护治安,因此政治受到美国牵制影响,国内动荡不安,政变迭起。某个政治派别为了上台而向美国求助、邀请干预的情形频出,巴拿马独立后 10 年间就更换过 29 次总统。

巴拿马人很早就拿起了谈判的武器来维护自己的权利,反抗美国在运河的管理和使用中不断扩张的权力。在国内和国际环境变化下,1936 年巴拿马和美国就修改 1903 年的双边条约达成一致,共同签署了《赫尔-阿尔法罗条约》(*Hull-Alfaro Treaty*)和相关政府间文件。原有条约中关于美国有权干预以保障巴拿马独立的条款被废除。根据两国最新的约定,未经巴拿马政府许可,美军不得进入巴拿马。此外,美国同意放弃在运河区以外取得土地的权力,同时增加运河租金至每年 43 万美元。

美巴新约生效之后不久,第二次世界大战爆发,刚刚脱离保护国身份的巴拿马再次收到美国照会,提出以 999 年的期限租用 100 多处军事基地给美军使用。这一无理主张遭到了时任总统阿努尔福·阿里亚斯(Arnulfo Arias)的抵制。1941 年,在美国的支持下,巴拿马国民警察推翻了阿里亚斯领导的民族主义色彩浓厚的政府,推选出亲美的里卡多·阿多尔福·德拉瓜迪亚(Ricardo Adolfo de la Guardia)担任新国家领导人,美国如愿取得巴拿马 134 个军事基地的使用权。

"二战"结束后,两国政府不顾巴拿马人民的反对,签署了将部分军事基地租期延长 20 年的条约草案,在民众街头游行和抗议下,巴拿马立法机构拒绝正式批准条约。1948 年,美国从运河区以外的巴拿马撤军,这也是巴拿马人民首次通过示威抗议的手段挫败美国阴谋的历史事件。

20 世纪 50 年代,亚非拉各国民族解放运动风起云涌,巴拿马民众要求废除不平等条约,收复大运河主权的斗争也日益高涨。1955 年,美国和巴拿马签订相互谅解和合作条约,美国将运河年租金由之前的 43 万美元提高至 193 万美元,并让渡了巴拿马政府向在运河区工作的本国人征税的权力,但是拒绝了巴拿马提出的运河 99 年使用期限,以及在正式收回运河之前,在运河区增挂巴拿马国旗、将西班牙语设为官方语言等正当要求。举世闻名的巴拿马运河虽然位于巴拿马，却成为巴拿马人一道流血的伤口。

冷战期间，美国根据运河条约的规定，在巴拿马驻扎军队，长期设立的军事基地多达 14 个，服务其全球扩张的国际战略。在 20 世纪 60 年代的"古巴危机"中，美国就曾在巴拿马陈兵 8 万，准备入侵古巴。1965 年，美国从实际控制的巴拿马运河区出兵，进攻多米尼加。巴拿马运河这条世界"黄金水道"成为美国输送官兵、武器和补给的快速通道，加勒比海成为美国的内湖，运河为美国在拉美和亚太地区的扩张提供了支撑和保障。

1956 年，与巴拿马同为第三世界国家的埃及宣布收回苏伊士运河。具有讽刺意味的是，美国在苏伊士运河危机中通过经济、外交等多种手段，支持埃及政府从英、法手中夺回运河主权。在此之后，全世界要求美国向巴拿马移交运河控制权的呼声逐渐高涨起来，美巴关系空前紧张。1958 年 5 月，巴拿马爱国学生不顾美国军警的阻拦，将 50 面巴拿马国旗插在运河区。1959 年 11 月 5 日，数百名巴拿马青年冲进运河区，升起一面巨型巴拿马国旗，并高呼维护国家主权的口号。1964 年，巴拿马近代历史上著名的"悬旗事件"爆发。因运河区的美国学校违反协定，只挂美国星条旗，引发了巴拿马爱国学生的义愤，他们冲入运河区悬挂巴拿马国旗时受到美军殴打，巴拿马国旗也当众被撕毁。事件迅速升级，事发当晚，有 3 万多名巴拿马人在运河区边界处集合，要求进入运河区升起自己国家的国旗。美军不但没有满足他们的要求，还对示威群众残酷镇压，打死 22 人，打伤 400 多人，制造了震惊世界的惨案，引发了巴拿马规模空前的反美抗议潮。1964 年 1 月 17 日，巴拿马政府宣布与美国断绝所有外交关系。压力之下，原本拒绝谈判和妥协的美国政府终于同意坐到谈判桌前，和巴拿马时任政府就运河问题进行谈判。

中国政府和人民也加入支持巴拿马收回运河的行列中。1964年1月12日,毛泽东主席发表了《中国人民坚决支持巴拿马人民的爱国正义斗争》:"目前巴拿马人民正在英勇地进行的反对美国侵略,维护国家主权的斗争,是伟大的爱国斗争。中国人民坚决站在巴拿马人民的一边,完全支持他们反对美国侵略者,要求收回巴拿马运河区主权的正义行动。"[①]1973年3月,在联合国安理会的巴拿马会议上,中国代表黄华重申"中国政府完全理解、深切同情并积极支持巴拿马政府和人民为收复运河主权所进行的不懈努力"[②]。

经过多年的谈判和协商,1977年9月7日,美国和巴拿马终于正式签订《巴拿马运河条约》(又称《托里霍斯-卡特条约》),两国之前缔结的关于运河的所有约定宣告废止。《巴拿马运河条约》规定,美国于1999年12月31日前从巴拿马运河区撤出全部军队,并把完好状态下的运河移交给巴拿马政府管理。同时,两国还签订了《关于巴拿马运河永久中立和运营条约》及议定书,规定作为国际通航水道,巴拿马运河保持永久中立,无论平时或战时,均向和平通过的所有国家的船舶平等开放。1978年8月,美国总统卡特和巴拿马总统托里霍斯在巴拿马城举行了2个条约批准书的换文仪式。在巴拿马的批准文件上,托里霍斯总统特别声明:巴拿马共和国坚决拒绝任何国家干预本国内部和外部事务的任何企图。

在巴拿马收回运河主权的过渡期,美国仍然不断介入巴拿

---

① 中共中央文献研究室、新华通讯社:《毛泽东新闻作品集》,新华出版社2014年版,第535页。

② 王泰平:《中华人民共和国外交史·第3卷:1970—1978》,世界知识出版社1999年版,第470页。

马的内政和外交，最令世人瞠目的干涉发生在 1989 年 12 月，美军以保护本国在巴侨民为借口，直接出兵占领巴拿马，将时任总统安东尼奥·诺列加（Antonio Noriega）带到美国迈阿密接受审判，公然判刑。

1999 年 5 月，曾经 3 次当选巴拿马总统的著名政治家阿努尔福·阿里亚斯的遗孀米雷娅·莫斯科索（Mireya Moscoso）赢得大选，成为巴拿马历史上第一位女性总统。当年 11 月，美军从在巴拿马的军事基地撤出。1999 年 12 月 31 日，几代巴拿马人不惜以生命为代价奋斗的理想终于实现，美国终于将运河所有权移交给莫斯科索政府，举世闻名的巴拿马运河成为名副其实的巴拿马的运河。

运河回归后，巴拿马政府马上启动了通航以来最大规模的升级改造计划。2016 年，巴拿马运河新船闸投入使用，扩建计划顺利完成，目前运河的通航能力可以满足世界上 97％的船只顺利通过。2017 年，运河货物通行量达 4 亿吨，创运河开通 103 年以来的历史新高，过河费及相关收入 22.4 亿美元。巴拿马总审计署统计局（INEC）公布的最新数据显示，2019 年巴拿马运河共通过船只 14281 艘次，同比增加 4.3％；过河费收入 26.65 亿美元，同比增 6.1％，再创历史新高。

中巴友谊历久弥新，正式建交弯道超车

中国和巴拿马虽然远隔太平洋遥遥相望，但是两国间的交往和联系由来已久。鸦片战争以后，中国被迫接受西方列强提出的所谓"门户开放"政策，各国纷纷派遣公使来华；与此同时，清政府也成立了主管外交事务的总理各国事务衙门。1875年光绪帝就位后，也开始向各国派驻大清使节。1907年，一封漂洋过海辗转而至的国书经时任美国驻华公使柔克义（William Woodville Rockhill）之手，转交清政府总理各国事务衙门。刚刚从大哥伦比亚共和国脱离、独立建国的巴拿马向清政府递交国书，商议开设驻华领事府事宜。因信函原文是由西班牙语写成的，清政府各个衙门招纳贤士，几经波折，才将内容粗译成中文：

> 欲与贵国设立通商之事，以固两国邦交。宜在中国设立一总领事府。现已选派东亚肋柏多·穆来诺白来司为总领事，其公署则在香港驻扎，所办皆属中国一切公事……能以保护本国子民及巴拿马国之利益。无论何项，凡关乎合理体面及应为之事，均归该总领事办理。本总统亦饬本国商人船户及一切所属本国之人民，均当承认遵其命令……特请中国大皇帝暨属下官员，祈即接纳此巴拿马总领事……并祈允饬所属官员随时与其交接，深望遇事帮助保护。倘以后

贵国有派官员来本国者,亦互相一体看待。①

光绪帝去世,清朝末代皇帝宣统继位当政,出于保护海外华工等目的,清政府决定与巴拿马建立外交关系。在巴拿马领事馆设立之前,与巴拿马往来交涉的文书和其他事项往来一般由清政府驻美大臣代办。1909 年,著名外交家伍廷芳亲赴巴拿马并受到巴总统的接见,双方就两国建交事宜交换意见,设立巴拿马领事馆的提议得到了巴拿马政府的认可。当年 12 月 16 日,清政府任命时任温哥华正领事欧阳庚为驻巴拿马首任总领事官,"兹因巴拿马国华侨甚众,稽查保护责任宜专特派尔充巴拿马总领事官前往驻扎。所有该处华商等务须随时照料,遇有商务交涉事件妥为办理,仍秉承外务部核示遵行,俾臻详慎"②。

1910 年,欧阳庚和使馆其他人员从温哥华长途跋涉、一路奔波,终于到达巴拿马城。巴拿马总领事馆揭牌,这是中国在拉丁美洲地区最早设立的外交机构之一。领事馆成立后,中方外交官陆续开展了多项工作:启用关防,申报领事馆人员履历,照会巴拿马外交部并觐见巴拿马总统递交国书,以及完成设馆的最初目的——调查了解中国侨民状况,以报备清政府。然而,1911 年,辛亥革命推翻了清政府近 300 年的统治,刚刚成立的巴拿马领事馆也被迫关闭,暂停业务。中华民国政府成立后,继承了清政府的外交关系,在国内政局稳定后正式和巴拿

---

① 《1907 年 5 月 25 日巴拿马总统为在中国设立领事署并派驻总领事国书》(译文),中国第一历史档案馆藏外务部档案,档号:18-3665-002 附件。

② 《宣统元年十二月十六日外务部拟写驻巴拿马总领事欧阳庚敕谕》(当日奉朱批依议),中国第一历史档案馆藏外务部档案,档号:18-3666-007 附件。

马建交。1921 年 12 月,中华民国政府派出首任巴拿马公使。1922 年 1 月,正式设立中华民国驻巴拿马共和国公使馆。因为复杂的历史原因,巴拿马在一段历史时期内为中国台湾主要"邦交国"之一。

20 世纪 70 年代以后,中国和巴拿马不仅在经济、文化等各个领域的交流和合作日趋密切,而且在官方层面上互动频仍,硕果累累。1973 年,新华社巴拿马分社成立,中国读者可以阅读到本国记者发自巴拿马的一手新闻报道。进入 20 世纪 80 年代后,随着我国改革开放进程的深入,中国和巴拿马在经贸领域的合作取得诸多实质性进展。1984 年,中国在巴拿马的科隆自由贸易区开设中国拉美贸易中心,利用自贸区在运输和政策上的优势,建成了覆盖辐射整个拉美地区的贸易中转基地。1987 年,中国银行在巴拿马首都巴拿马城成立第一家分理处,成立之后业务经营稳定,1994 年分理处升格为中国银行巴拿马分行。

1994 年是巴拿马大选之年,该国举行了自 1968 年以来第一次真正自由的选举。首次以"文人政党"出现并获昔日军人支持的民主革命党候选人埃内斯托·佩雷斯·巴里亚达雷斯(Ernesto Perez Balladares)当选总统。当选后不久,他以旅游者身份访问中国,得到了时任中国国务院总理李鹏的接见。1995 年 9 月,联合国第四次世界妇女大会在北京召开,巴里亚达雷斯总统夫人博伊德率领巴拿马政府代表团出席。同月,在北京的金秋时节,中国和巴拿马签订了具有标志性意义的《中华人民共和国政府和巴拿马共和国政府关于互设民间商务代表处的协议》,双方决定从 1996 年起,在巴拿马城和北京互设贸易发展办事处。

我国香港曾经在中巴交往和合作上发挥重要而不可替代

的作用。1996 年,香港和记黄埔有限公司在竞争激烈的国际竞标中脱颖而出,最终获得了巴拿马运河双子港——巴尔沃亚港和克里斯托瓦尔港的经营权,经营期限为 25 年,到期延续 25 年。1997 年香港回归祖国怀抱,中国和巴拿马两国在这一年共同签署了 2 份和香港有关的政府间文件——《中华人民共和国政府和巴拿马共和国政府关于巴拿马共和国驻香港领事机构地位问题的临时安排》和《中华人民共和国政府和巴拿马共和国政府关于巴拿马驻香港经济贸易临时办事处改为巴拿马驻香港经济贸易办事处的协定》。

两国往来渐密,了解加深,建交成为大势所趋。1989 年和2010 年,巴拿马和中国曾经两度就建立正式外交关系进行接触。1989 年的第一次努力因美国出兵巴拿马等多方原因暂时搁置。2010 年的建交会谈当事人,时任巴拿马副总统兼外交部长,后成功当选巴拿马总统的胡安·卡洛斯·巴雷拉在接受中央电视台采访时回忆,2010 年在其访华期间他向中国表达了建交的愿望,但是为了不影响当时刚刚开始回暖的两岸关系,巴拿马的请求暂时没有被接受。①

7 年之后,中巴友谊之果终于成熟。2017 年 6 月 13 日,中国外交部长王毅和巴拿马副总统兼外交部长德圣马洛签署了《中华人民共和国和巴拿马共和国关于建立外交关系的联合公报》,中巴两国在坚持一个中国原则的基础上正式建立外交关系。2017 年 9 月 17 日,巴拿马总统巴雷拉和中国外交部长王毅共同出席中国驻巴拿马大使馆正式揭牌仪式。

联合公报签署 5 个月后,中国人民的老朋友、巴拿马总统

---

① 《央视记者王冠独家对话巴拿马总统　讲述与台湾断交幕后》,http://m.news.cctv.com/2017/09/17/ARTIh4ob0u1xfSnAqM6Mcj68170917.shtml,2017 年 9 月 17 日。

巴雷拉率团访问中国,成为中共十九大之后接待的首位拉美地区国家元首。巴雷拉总统在接受中央电视台记者采访时曾经坦诚地表达了与中国建交的原因:"在过去很长一段时间里,台湾当局采取了基于一中原则的'外交休兵'政策,我告诉过台湾方面,他们如果有一天结束这一政策,我们就会同中国建交,并且承认一个中国原则,我们后来正是这样做的。"①

2017 年 11 月 16 日,刚刚到达北京的巴雷拉总统不顾旅途辛劳,亲自出席巴拿马驻中国大使馆开馆仪式。中国外交部长王毅、外交部部长助理秦刚、中国驻巴拿马大使魏强以及巴拿马驻华大使施可方等中巴官员共同见证了这一历史时刻。

2017 年 11 月 17 日,巴雷拉总统登上了万里长城,之后在北京人民大会堂同国家主席习近平举行会谈。习主席精辟地总结了悠久且又年轻的中巴关系:"我高兴地看到,中巴建交 5 个月来,两国各领域交往合作正在快速铺开,可以说开了个好头。中方愿同巴方一道,把准方向,以高速度、高起点、高标准规划和推进两国合作,使中巴关系弯道超车,后来居上。"②会谈后,两国元首共同见证了共建"一带一路"、经贸、投资、海运、铁路、人力资源、产业园区、农业、质检、民航、旅游等领域双边合作文件的签署。巴拿马成为首个签署"一带一路"倡议的拉美国家。

2018 年,中巴建交一周年之际,习近平主席和巴拿马总统巴雷拉互致贺函问候。两国政府启动自贸协定谈判。2018 年 12 月 2 日,中巴关系再次迎来历史性的时刻,国家主席习近平

---

① 《央视记者王冠独家对话巴拿马总统　讲述与台湾断交幕后》,http://m. news. cctv. com/2017/09/17/ARTIh4ob0u1xfSnAqM6Mcj68170917. shtml,2017 年 9 月 17 日。

② 《习近平同巴拿马总统巴雷拉举行会谈》,http://politics. people. com. cn/n1/2017/1118/c1024-29653763. html,2017 年 11 月 18 日。

抵达巴拿马城,开始对巴拿马共和国进行国事访问,这是中华人民共和国主席历史上首次访问巴拿马。访问巴拿马期间,习近平主席参观了巴拿马大运河,并亲自开启船闸,见证中国籍"玫瑰轮"缓缓通过运河。

　　巴拿马高度重视发展对华关系,政府内部设立了由总统直接任命的中国事务部长理事会主席,着重开展与中国的政治对话以及移民、司法合作、旅游、航运、物流、总部经济、农商、投资、教育、文体、金融、多边可持续发展等 12 个领域的合作。

　　悠长深厚的友谊历久弥新,两国关系发展迅速,硕果累累,实现了弯道超车。

中篇

巴拿马的今生

巴拿马概况

500年沧海桑田,时间的车轮飞驰,进入21世纪后,有"世界的心脏"之称的巴拿马迎来了新的辉煌。客自远方来,良品贩四方,全球化时代,愈加宽广的巴拿马运河引来更多的外国商船,愈加新潮的巴拿马城迎来慕名的远方游客,愈加香醇的巴拿马咖啡招来识货的亚洲买家,愈加繁华的科隆自贸区带来火热的远近投资……虽然巴拿马对于大多数中国人来说还是一个不那么熟悉的远方国度,但是富有眼光、敢于冒险的中国商人和企业家早已经在那里披荆斩棘、扎根立足,巴拿马的咖啡、菠萝、海产品等特产也已经走进中国,丰富和滋养了寻常百姓家的生活。中国和巴拿马既是老相识,又是新朋友,在具体深入介绍巴拿马之前,有必要简短地介绍下其国情概况。

概况

巴拿马共和国简称巴拿马,首都巴拿马城,国土总面积7.55万平方千米,位于中美洲地峡,是中美洲南部的国家,素有"世界十字路口"之称。巴拿马全境地势起伏,海岸线绵长,除南北沿海平原外,腹地多山,国内最高峰巴鲁(Baru)火山将巴拿马全国2/3的领土分为两大平原,靠近大西洋一侧的部分狭长地带为热带森林所覆盖,临太平洋部分宽广开阔。巴拿马铜矿石储量位居世界第四位,是铜矿石主要出口国。因国内森林覆盖率高,出产桃花心木、西洋杉、柚木、红木、雪松等珍贵木材。

地理

巴拿马地理位置接近赤道,属于热带海洋性气候,较少飓风、海啸、地震等自然灾害。沿海地区平均温度 29 摄氏度,首都巴拿马城常年炎热,年平均气温 28 摄氏度。全年分为干季(1—4 月)和雨季(5—12 月),年平均降雨量在 1500—2500 毫米,8—10 月间常有暴雨天气,导致这一时期交通和生产的事故发生率明显提升。

人口

根据 2017 年人口普查数据,巴拿马人口 407 万,其中印欧混血人种最多,占 65％左右,非裔占 12％,印第安人占 6％。官方语言为西班牙语,巴拿马的西班牙语中夹杂很多本国特有的印第安语词汇,运河地带的都市中英语普及率达 40％左右。

区划

巴拿马全国分为 10 个省,3 个省级自治区,2 个地方级自治区,分别为西巴拿马省(Provincia de Panama Oeste)、博卡斯-德尔托罗省(Provincia de Bocas del Toro)、奇里基省(Provincia de Chiriqui)、科克莱省(Provincia de Cocle)、科隆省(Provincia de Colon)、达连省(Provincia de Darien)、埃雷拉省(Provincia de Herrera)、洛斯桑托斯省(Provincia de Los Santos)、巴拿马省(Provincia de Panama)、贝拉瓜斯省(Provincia de Veraguas),恩贝拉-沃内安自治区(Embera-Wounaan)、古纳雅拉自治区(Guna Yala)、恩戈贝-布格雷自治区(Ngobe-Bugle),玛杜甘迪自治区(Madugandi)、瓦尔甘迪自

治区（Wargandi）。

城市

巴拿马第一大城市是巴拿马城，位于巴拿马运河太平洋入口处南端，人口约 88 万，是巴拿马的政治和经济中心，也是拉丁美洲和加勒比海地区的金融中心，有"小纽约"之称。位于巴拿马运河大西洋端入口北侧的科隆市是巴拿马的第二大城市，也是科隆省的省会，总人口在 30 万左右。西半球最大、世界第二大的自由贸易区位于科隆市东北部，目前有 2500 多家全球贸易公司进驻开展业务。奇里基省省会大卫市始建于 1736 年，是巴拿马第三大城市，是巴拿马西部的商业和工业中心，也是巴拿马重要的农林牧业产区，是咖啡、甘蔗、可可、香蕉、牛肉等出口商品的最主要产地，总人口约 15 万。大卫市地理和交通位置便利，通过泛美公路与友好邻邦哥斯达黎加往来密切，是国内制造业、重工业和高科技通信产业的重要中心，也是巴拿马全国工业化程度最高的城市之一。

政党

巴拿马政党众多，2009 年大选之后上台的 3 位总统来自 3 个不同的政党。1998 年，巴拿马政治人物里卡尔多·马丁内利（Ricardo Martinelli）创建巴拿马民主变革党（Paritdo Cambio Democrático），并在 2009 年的大选中联合其他反对党组成巴拿马变革联盟取得胜利，马丁内利就任总统。2014 年，来自巴拿马主义党（Partido Panameñista）的候选人何塞·路易斯·巴雷拉当选新一届总统，并于当年的 7 月 1 日宣誓就职。巴拿马主义党成立于 1931 年，曾经赢得巴拿马 9 次总统大选的胜利，是巴拿马影响力最大的政党之一。1979 年成立的巴拿马民主革命党(Partido Revolucionario Democrático)发展迅速,2019 年 7 月 1 日该党领袖劳伦蒂诺·科尔蒂索·科恩(Laurentino Cortizo Cohen)赢得选举,就任巴拿马总统。

卫生

巴拿马因为特殊的地理和气候环境,疟疾、登革热、结膜炎、湿疹等疾病高发,曾经出现过主要由蚊虫叮咬传播的寨卡(Zika)病毒疫情。前往巴拿马旅行,除了要接种预防性疫苗,出现症状及时就诊外,也要注意防虫叮咬,密切观察由食物、气候、环境等因素引发的过敏问题。

旅游

四面环海的巴拿马旅游资源丰富,首都巴拿马城的商业区摩登现代,世界上最大的两块水域——大西洋和太平洋的白色沙滩风情万种,背靠茂密的原始森林,怀抱丰富的珊瑚礁、五彩缤纷的热带鱼。生物多样性也是巴拿马的一大特色,其国内生活的鸟类品种比美国和加拿大两国相加还多。根据联合国教科文组织(UNESCO)公布的资料,巴拿马包括大运河在内共有 5 处自然及文化遗产,其中 3 处自然遗产、1 处文化遗产、1 处濒临危险文化遗产。巴拿马于 2012 年颁布投资观光法令(第 80 号)后,加大了对旅游业的投入,提倡生态旅游、农业旅游和会展旅游等三大方向。2020 年,巴拿马总统签署了《旅游投资促进法》修订案,出台了为投资巴拿马旅游业的主体提供优惠贷款等一揽子政策措施,优惠期至 2025 年 12 月 31 日。

巴拿马旅游局的官方统计数据显示,巴拿马运河、巴拿马城老城区、博卡斯-德尔托罗省和古纳雅拉自治区的海滩是该国最吸引外国游客的景点,巴拿马运河的年均客流量超过百万。中巴建交之后,巴拿马一直重视对中国旅游市场的开发。2017年,巴拿马总统巴雷拉访华时专程出席在上海举办的巴拿马旅游推介会,他向中国发出了热情的邀请:"欢迎新一代中国人都去巴拿马旅游,亲身感受巴拿马独有的风土人情。"据统计,2017年赴巴拿马的中国游客有2.2万人,2018年前往巴拿马看运河、观海景、品咖啡的华人游客数量翻番,2019年已突破15万大关。目前,巴拿马获批为中国认可的旅游目的地国家,巴拿马国内获权接待中国旅行团的A级旅游业务经销商数量早在2018年就已经突破60家,中国旅行团到达巴拿马之后,都会配备1名中国籍的翻译和1名巴拿马籍的导游。巴拿马的金融和银行系统发达,并且中国银联、支付宝等国内机构也已将业务扩展到巴拿马境内,中国游客海外购物刷卡或手机支付越来越方便。近年来,巴拿马与哥伦比亚、哥斯达黎加、古巴、厄瓜多尔、墨西哥等国在旅游线路和开发上加强合作,中国游客可以选择跨国、多国线路,尽情体验拉美和加勒比海地区的自然美景和风土人情。

饮食

巴拿马在饮食上食材丰富,口味多元。传统上以大米和玉米为主食,由大米、肉、赤豆等原料烹制而成的"瓜乔"是最有代表性的一道菜。因为地处热带,巴拿马出产大量美味的水果——香蕉、菠萝、芒果、木瓜等,品质优良,不仅深受巴拿马人的喜爱,还是巴拿马主要的出口农产品。由于地理位置和历史关系,巴拿马国内的美式快餐非常常见且正宗。另外,受西班牙和拉美讲西班牙语国家,特别是哥伦比亚的影响,这里西班牙海鲜饭、哥伦比亚玉米饼、秘鲁生鱼片等异域美食数不胜数。而让中国胃尤为自在和舒适的是在巴拿马街头很容易就可以品尝到"Dim sum",即巴拿马人口中的中餐。这一名称源自早期定居巴拿马的广东籍华人对"点心"的粤语发音。

华人

巴拿马城有2条唐人街最为出名:位于老城萨尔西普埃德思(Salsipuedes)的唐人街是巴拿马第一条唐人街,华人最早在这里聚集,从事商品批发和零售业;埃尔多拉多(El Dorado)唐人街则更为现代新潮,这里有很多华人经营的商店、餐馆、学校、旅行社等,是侨胞的主要居住区之一,巴拿马中国协会办公大楼、中巴友谊公园等机构也分布在此。唐人街是巴籍华人和旅巴游客的必去之地。巴拿马众多的华人华侨也是国人安心出访旅游的保障,在异国他乡可以找同胞问路,去中餐馆解馋,到华人企业办事。

"一带一路"连接世界桥梁，
运河中国宾客渐多

中巴建交，古老的海上丝绸之路与现代的跨洋大运河紧密相连。运河航运、金融服务、保税园区是巴拿马国民经济的支柱性产业；服务业一枝独秀，在国民经济中占有重要地位。巴拿马因近年来的经济增长速度在拉美和加勒比海地区处于领先地位，人均国内生产总值近 1 万美元，被称为美洲的"人居天堂"。美丽而摩登的巴拿马城素有美洲"小曼哈顿""小香港"的别称。"通"字，是巴拿马一个关键词，这个美洲国家虽然面积不大，却凭借天然的地理位置和后天的政策设计，在航运、贸易和资金上成为盘活地区、联系世界不可替代的节点。知己知彼，情深意坚，20 世纪的斗争和沧桑已经慢慢消失在历史拉起的幕布之后，但一切从未被遗忘。时间的钟摆不停，如今的巴拿马会有怎样的荣光？中巴之间的友谊会有怎样的变化？"一带一路"的合作又会有怎样的前景？

巴拿马是中美洲、加勒比地区重要的贸易枢纽，也是中国在中美洲最大的贸易伙伴。利用海陆空运输上的地理优势、外资企业设立总部后员工可获得长期(5 年)工作签证的政策优势，巴拿马出台了"2030 年国家物流战略"，以打造世界级物流中心为目标。这一战略完美地衔接了中国的"一带一路"倡议，两国未来合作的前景广阔。

巴拿马官方发布的"2030 年国家物流战略"为该国的经济

发展规划了清晰而明确的方向——通过改善设施、优化政策，将巴拿马建成世界物流中心。托库门（Tocumen）地区集航空、海运、铁路、公路等多种交通运输资源于一身。巴拿马航空运输基础设施质量在拉美地区排名第一，巴拿马城是拉美航班连线最便捷的城市，从巴拿马出发，飞行3—5个小时就可以到达美国各大城市和南美主要城市。巴拿马首都托库门国际机场每天有400航班飞往美国、欧洲和亚洲的80多个目的地。2018年，托库门国际机场总共运送旅客达1560万人次，其中70%属于在此转机的中转乘客；2019年，托库门国际机场旅客吞吐量突破1658万人次，同比增长2.1%，营收2.57亿美元，同比增加2020万美元，其中净利润为6850万美元，同比增长33.5%。2020年7月，新航站楼投入使用后，机场年旅客吞吐量达到2000万人次。国际航空运输协会（IATA）此前曾预测，2018至2038年巴拿马航空旅客人数年均增长将达5.5%，累计增加1000万人次。

作为物流枢纽，巴拿马的港口和铁路在国计民生方面也发挥了非常重要的作用。巴拿马具有得天独厚的海运连接性，港口基础设施质量世界排名第六，拉美地区排名第一。在太平洋一侧的巴尔博亚港和位于大西洋加勒比海上的科隆港是整个拉美地区最大的2个港口。通过巴拿马运河，连起全球160多个国家的144条海上航线，集装箱在两地的转运比例达到90%。

和拉美其他国家相比，巴拿马的整体物流绩效指数仅次于智利，居拉丁美洲国家第二位。在具有价格竞争力的国际货运指标上，特别是存货可得性、物流服务能力和质量、追踪货物能力等方面，均居拉美地区之首。巴拿马物流部门的产值占该国国内生产总值的20%，随着2016年巴拿马运河的扩建工程顺利完工并投入使用,巴拿马政府在促进物流部门和该地区物流中心发展的过程中看到了更多的机会。2016 年,巴拿马成立"物流内阁",并与美洲开发银行一起设计了"2030 年国家物流战略",旨在指导国家物流枢纽建设及发展。

提起巴拿马,国人印象最深的就是那条连接世界上最大两片海域的大运河。巴拿马运河是美洲东、西两岸间的主要海运中转通道,也是亚太地区进入美洲东海岸和加勒比海、墨西哥湾的必经之地。运河的开通使得美国东、西海岸间的距离缩短了 14000 万千米,中国到美国东海岸的航程减少了 10000 多千米。根据最新的统计数据,巴拿马运河维系全球 150 多条航线,可达世界上 174 个国家的港口,承载世界 6% 的海上航运贸易货物运输业务,覆盖近 40 亿的人口和市场,是名副其实的全球贸易晴雨表。

有"世界桥梁"美誉的巴拿马运河,近年来招待的东方宾客越来越多。目的地为巴西、阿根廷等主要拉美国家和美国东部地区的中国货船跨越太平洋驶入巴拿马地峡,不必绕道美洲南段蜿蜒北上,能够节省大量的时间和成本。目前巴拿马运河总货运量的 20% 来自中国,每年约有 600 艘次悬挂五星红旗的商船驶过地峡。目前,中国仅次于美国,是巴拿马运河第二大货物来源国和第二大货物目的地国,也是巴拿马运河的第二大用户。

2007 年,巴拿马政府对运河进行了建成之后历史上最大的扩建工程,并于 2016 年完工。扩建后,通航能力提高了 1 倍,可允许运载 1.3 万至 1.4 万个标准集装箱的巨型货船通行,年均通过的船只也将从改造前的 1.4 万艘增加至 1.7 万艘。修葺一新的大运河在第一个财年(2016 年 10 月—2017 年 9 月)的成绩单十分抢眼,总收入 28.86 亿美元,比上个财年增长

15.3%,货运量超过 4 亿吨,同比增长 22.2%。根据巴拿马总审计署统计局(INEC)初步统计,巴拿马 2019 年 GDP 为 430.611亿美元,较 2018 年同期增长 12.568 亿美元。其中,以巴拿马运河为龙头的交通运输、仓储和邮政业对巴拿马国内生产总值的贡献排在第三位,共收入 61.108 亿美元,同比增长 6.8%。巴拿马运河管理部门的数字则显示,巴拿马运河在 2019 年的货运量和收入均再创历史新高,运转的货物总量 4.87 亿吨,运河过河费收入 26.65 亿美元。

那么,这条举世闻名的"世界桥梁"究竟是什么样的? 一艘从中国出发的货轮要想顺利通过巴拿马运河应该走什么路线? 习近平主席参观过的运河新船闸又有什么奇特之处呢?

巴拿马运河的规划设计和施工建设充分利用了巴拿马地峡独特的地理位置和自然资源。运河位于中美洲地峡最为狭窄的部分,呈西北—东南走向,斜贯巴拿马共和国全境。运河北起大西洋上加勒比海的利蒙(Limon)湾,南至太平洋的巴拿马湾,中部巧妙地利用巴拿马境内米拉佛洛雷斯(Miraflores)湖、查格雷斯(Chagres)河、加通(Gatun)湖等天然水域连接起来,供船只通行。深水大洋航道和内陆航道总长 82 千米,宽度在 152—304 米之间。船只通过巴拿马运河,实现在大西洋和太平洋之间的跨越需要 16 个小时左右,其中 8 个小时是等待运河管理部门的调配和编队,船只实际行驶的时间为 8 个小时左右。运河沿途灯光和设施保障完善,可以实现 24 小时通航。

受到地球引力、离心力和固体潮等 3 种主要因素的影响,地球上不同海面的高度存在差异,造成海水的流动。具体到巴拿马运河,其北端大西洋的海面比南部尽头太平洋的海面高出 4—6 米,在内陆也要通过海拔最高 84 米的分水岭地带,运河并非平面型,大部分航段的水面要高于海平面,水深在 13.5—26.5 米之间。船只从大洋进入并通过运河如同翻越层层叠叠的水桥,需要经过多道船闸提升和下降,在由海洋、河流和湖泊等水域形成的不同航道之间交叉行驶,避免因水面落差而流动过快发生事故。

巴拿马运河在改造前全程共分为 8 个航段:太平洋入口至米拉佛洛瑞斯船闸、米拉佛洛瑞斯船闸、米拉佛洛瑞斯湖航道、彼得罗米盖尔船闸、甘博阿河道、加通湖航道、加通船闸、加通船闸至大西洋入口。以一艘从浙江宁波港出发,目的地为巴西圣保罗的货轮为例,它的巴拿马运河之旅可以分为以下 5 个步骤:

第一步,太平洋入口处的巴尔博亚港。中国的船只驶过太平洋到达巴拿马太平洋沿岸的巴尔博亚湾上的同名海港,这里也是巴拿马运河的最南端和太平洋入口处。远道而来的船只进入海湾的浅水处后,在运河防波堤的作用下,顺着改变了方向的横流驶入巴尔博亚港。港口设有 30 多个远洋船泊位,设备完善,同时也是与运河平行的巴拿马运河铁路和博伊德-罗斯福(Boyd-Roosevelt)公路的枢纽。为保证船舶和人员的安全,船只在过运河前都要接受当地严格的卫生、设备和船体等全方位的检查。

第二步,米拉佛洛瑞斯船闸。一切就绪后,货轮从巴尔博亚港出发,沿运河行驶 2 千米后到达米拉佛洛瑞斯船闸。巴拿马运河整修后,船舶必须依次排队通过各个船闸。货轮的自重和载货量越大,惯性也就越大,通过船闸时船体稍有移动就会与闸壁发生擦碰,后果不堪设想。因此当船只抵达船闸准备就绪之后,运河管理人员会在升降水之前,登船和船员一道拉出船上的缆绳,牢牢固定在船闸的揽桩上,防止船体在升降水的过程中发生移动。

第三步，彼得罗米盖尔船闸。通过运河太平洋一侧的米拉佛洛瑞斯和彼得罗米盖尔船闸后，船只升入高于海平面 16 米、宽 225 米的米拉佛洛瑞斯湖内的航道。2 道船闸和其间的航道是巴拿马运河开凿过程中最为艰巨的工程段。船只通过彼得罗米盖尔船闸后，驶入一条长约 13 千米、山势陡峭的河道，为了纪念负责该段工程的工程师，这条运河中最窄的航段被命名为"盖拉德河道"。

第四步，甘博阿—加通湖水道。盖拉德河道位于巴拿马中部河流查格雷斯河的水域之内，船只行驶到甘博阿，继续向北汇入设有数座水闸和一座水电站的加通湖。加通湖是由同名水坝拦蓄查格雷斯河及其支流而形成的，总面积 425 平方千米，景色秀丽，是世界上最重要的人工湖泊之一，巴拿马运河 38 千米的航道位于该湖，此处设有数座水闸。加通水坝是巴拿马运河的水位调节阀，高于海平面 32 米，平衡整个航道的水位。

第五步，加通船闸。由于加通湖的水位高于大西洋的海平面，货轮通过加通湖后，分 3 次阶梯式下降，到达与海平面再次持平的水位后驶入加勒比海，完成大洋间的变道。

习近平主席访问巴拿马期间参观的是于 2016 年 6 月 26 日正式投入使用的科科利（Cocoli）船闸。它长 58 米，高 33 米，可比肩 11 层楼的高度，是世界上最大的闸门，可供 49 米宽、366 米长、装载 14000 个标准集装箱的超大型船只通行，它不仅极大地提升了巴拿马运河的营运能力，还缩减了航行时间，一切顺利的话，14 个小时就可以走完运河全程。新船闸在设计中更加环保，每个闸室配建了 3 个蓄水池，升降船舶的水可循环利用。

如今从中国驶来的巨型货轮驶进运河的太平洋入口巴尔

博亚港后,可以直行通过科科利船闸。船只进入船闸后开始蓄水上升,每个闸室将船体抬升 8.5 米左右,经过 3 个闸室的 3 次抬升,货轮进入海拔 26 米的加通湖水道。净重约 4200 吨的闸门全部打开仅需要 5 分钟的时间。船只到达运河大西洋一侧的清水(Agua Clara)船闸后,通过 3 个闸室的 3 次下降降到海平面的高度,稳稳地驶入大西洋海域。

　　巴拿马地处热带,运河全年都可以通航,民众和游客想要和这个世界工程史上的奇迹来一次亲密接触非常容易,既可以乘船航行也可以乘火车近观。乘船运河游可以选择在太平洋端的巴拿马城(或大西洋一侧的科隆)购票上船,全程 8 个小时,早上在太平洋欣赏完日出,傍晚可以在大西洋的黄昏中散步。另外一个游览巴拿马运河的交通方式是乘坐火车,巴拿马铁路线几乎完全与巴拿马运河航道平行,在火车上观赏运河全程完成从巴拿马湾到加勒比海的跨洋之旅只需要 1 个半小时。

金融自由度拉美十连冠，
中巴优势互补全面合作

"有朋自远方来，不亦说乎？"巴拿马坚持发展开放型经济，在国家化水平和对外贸易自由化上处于地区领先地位。巴拿马的服务业占据国内生产总值的最大份额，其中批发和零售贸易、运输、仓储和通信、酒店和餐饮服务以及金融中介是服务业中最主要的领域。巴拿马在经济发展上总的来说有以下几点特色：

多个指标拉美领先

近10年来，巴拿马在全球竞争力的排名上表现稳定，从2010—2011年的第53位，到2017—2018年的第50位，稳中有升。2019年的第64位是近年来表现最差的一次，虽然在全球范围内的排名有所下降，但是在拉丁美洲和加勒比海地区的所有国家中，巴拿马近10年来的竞争力平均排名仅次于智利，居第2位。从细分的指标来看，相较于拉美地区其他国家，巴拿马最大的竞争力来源于其稳定的宏观环境、良好的技术设施以及发达的金融市场。此外，巴拿马在商品市场效率和商务成熟度上也具有较强的竞争力。制约巴拿马竞争力的主要因素是教育质量,特别是高等教育质量不足的问题比较突出。①

　　世界银行每年定期发布《营商环境报告》,对全球各经济体的营商法规及其客观执行情况进行综合分析和评估。近 10 年来巴拿马在全球营商环境上的排名出现不断波动的态势,最好的成绩出现在 2015 年,排名第 52 位,2019 年下滑到第 79 位,2020 年得分 66.6,排名第 86 位。虽然 2020 年综合排名有所下降,但巴拿马在创办企业、跨境贸易和电力供应等重要指数上的得分一直领先于世界绝大多数国家,以上 3 个项目的最新得分分别为 92、85.5 和 83.5。②

　　衡量世界各经济体在法律制度、政府管制、管控效率及开放市场 4 个方面情况的一个有效统计指标称作经济自由度指数。巴拿马近 10 年来在全球经济自由度指数总排名上呈现出先下降又上升的趋势:从 2009 年的全球第 55 位下降到 2013 年和 2014 年的第 71 位,2019 年和 2020 年重新上升至全球第 55 位,在拉美 32 个国家中排名第 9。从各指标得分情况来看,相较其他拉美国家,巴拿马政府在管制的自由度方面表现突出,体现为其税收负担、政府支出和财政健康等 3 个细分指标位于比较靠前的位置。同时,其在开放市场方面也表现良好,近年来在贸易自由、投资自由及金融自由方面都有较高得分,特别是金融自由度排名近 10 年来始终位于拉美第一。此外在管控效率方面,货币流动性和商务自由度都有较高的排名。

---

①　Klaus Schwab:The Global Competitiveness Report 2019,Geneva:World Economic Forum,2019.

②　2020 International Bank for Reconstruction and Development,Washington,DC:The World Bank,2020.

开放金融沟通世界

巴拿马金融服务业发达,行业收入占国内生产总值的8％,在外汇、税收等方面政策宽松,吸引了30多个国家和地区的近百家银行来此设立分支机构,开展业务。货物和服务出口以及外国投资成为巴拿马的主要外汇收入来源。

自1904年开始,美元一直是巴拿马的官方货币,锚定美元使巴拿马获得了一定程度的货币稳定。对于目前以美元为基准货币的国际贸易体系而言,巴拿马成为全球贸易名副其实的中转站,以金融业为抓手,连接各个经济体。

巴拿马没有外汇管制,无中央银行,主要经营商业银行业务的巴拿马国民银行代理央行职责,没有中央化的外汇储备和外币兑换管理规定。官方货币巴波亚(Balboa)与美元面值相等,只有硬币,用于日常找零。美元可以自由流通,外汇的汇进、汇出和本地融资均十分便利,定期和储蓄账户没有管制,账户产生的利息免税,执行严格的银行保密制度。巴波亚与美元的固定汇率制最大限度地维持了巴拿马较为稳定的通胀水平,为境外投资者对冲了汇率损失的风险。在保持金融体系高度开放的同时,巴拿马近年来加速改革开放监管体系,已签署《多边税收征管互助公约》等协定,在国际合作上取得重要进展。

巴拿马的金融机构包括银行、股票交易所、保险和再保险公司以及金融、租赁公司,而其最重要的组成部分就是国际银行。巴拿马是全球重要金融中心,通过向私人银行和公共部门不断提供贷款的方式,加速货币在经济中的不断流通。银行体系的竞争非常激烈,几乎没有政府干预或对银行交易、资金流动等资本行为的限制,从而形成了完全的金融一体化体系。

"拉美的新加坡"

巴拿马对国外投资持开放欢迎的态度,外资企业在巴拿马享受和本国企业同等待遇,实行税收激励政策,面向加工制造、出口贸易、旅游业、植林再造、金融服务、信息产业等主要行业出台了多项税收和金融上的优惠政策,素有"拉美的新加坡"的美誉。除了零售业、媒体等极少数几个行业,外国投资者和巴拿马公民一样,无须本人亲自申请,就可以在巴拿马设立公司或取得当地营业执照,自由支配所取得的商业利润。巴拿马目前最常见的商业组织形式为有限责任公司,没有最低注册资本要求,只需要指定一名巴拿马律师作为注册代理人,并每年向公共登记处支付 300 美元的注册费,就能保持公司资格的持续有效。

2007—2016 年,巴拿马以大运河主体扩建工程为龙头,成功完成了多个巨额投资的基础设施改造和建设工程,投资拉动经济年增长的 4％,在建和规划项目的投资总额超过 2016 年国内生产总值的 30％。

巴拿马 1996 年加入了国际投资争端解决中心(ICSID),1997 年成为世界银行多边投资担保机构(MIGA)成员。除特殊行业以及有特殊规定的部门以外,在巴拿马投资无须预先审批。根据巴拿马法律,外国公司在巴拿马可从事的行业包括旅游业、农业出口、采矿、贸易和石油、建筑业、发电、工业、林业、出口加工、通信、港口和铁路建造、灌溉和水利工程等;鼓励投资的行业有工业、农业、旅游业、金融业、电影业、物流业;鼓励资金投向跨国公司地区总部、出口加工区、科隆自由区、太平洋经济特区等。

巴拿马政府各部门在海外投资事务的管理上分工明确:工

商部负责制定外资发展政策,主管后勤服务、旅游、高科技、电信及海洋运输等行业的外资注入;财经部负责审核投资项目程序和财务监控;住房部下设的私人投资促进办公室,负责私人投资者和银行业务往来的联系工作;外交部下设的国际经济关系总司负责巴拿马与国外经贸合作的课题研究,为对外经贸政策的制定提供建议;公共注册局负责国内外企业及其商业活动的注册和登记;环保局负责调查和审批设计环评的投资项目;内政司法部负责移民政策的制定,以及护照和签证的发放和监管;旅游学院负责巴拿马支柱性行业之———旅游业的投资引入和管理。

未来区域电商枢纽

2020 年,巴拿马工商部和世界知名物流企业 DHL 联合发布题为《拉美电商及巴拿马作为区域电商枢纽的作用》的报告。报告指出,未来几年拉美的电商将实现强劲增长,巴拿马成为电商物流枢纽得分最高的国家,有望成为区域核心枢纽。成为拉美地区理想的跨境电商物流枢纽必须拥有自由贸易区、高效的港口和机场设施、良好的营商环境和海关监管、便捷的电商物流以及行业间协作等五大条件。巴拿马目前已有 4 个自由贸易区对外经营,和拉美其他市场连通便捷,制定了开放的移民法规吸引国际电商人才进入,具有成本较低的劳动力,在巴拿马运河有成熟的贸易设施及海运设施。不过,报告也指出,巴拿马在提高航运连通性、加大 B2C 物流设施、人才投资和简化出口流程等方面尚有较大的进步空间。

服务业经济占比高

巴拿马服务业的发展模式是一个以运河为中心,物流、金融、自由区相联系的经济集聚模式。综合产业上的优势带动外来人员的移民或暂时流入,从而进一步推动了房地产、旅游业等相关行业的发展。和其他的拉美国家以农业和原材料为经济支柱不同,巴拿马的服务业在国民生产总值中的比重非常高,在贸易、金融、物流服务方面优势明显。

除了上述因素,巴拿马优越的自然环境也是其吸引全世界资金和人员的重要因素。巴拿马地处热带,境内有茂密的热带雨林、连绵的青山、美丽的海滩,是名副其实的度假胜地。另外,相对于其他拉丁美洲国家混乱的治安和政局,巴拿马局势稳定,相对安全,国民的英语普及率相对较高,有利于外国人前来投资和旅游。

中国稳居巴拿马全球第二大贸易伙伴的地位。2018 年 7 月 9 日,经过两国政府历时半年多的前期接触和可行性研究磋商,中国和巴拿马自由贸易协定第一轮谈判在巴拿马城举行,自贸协定旨在为双边经贸关系和合作提供制度性保障。然而由于 2019 年巴国大选后新政府上任、新冠肺炎疫情等原因,谈判进行五轮后便陷入停滞。中巴建交后在法律、贸易、签证等领域签订的协定为两国之间的投资减少了风险和不确定因素。

中国坚定支持贸易自由化和经济全球化,主动向世界开放市场,分享中国机遇。巴拿马的特色产品在履行输华检疫准入程序后,源源不断地进入中国市场。同时,中国的产品也在不断丰富巴拿马民用消费品市场。中国从巴拿马进口的主要商品为木材、肉类、皮毛、铜及其制品、咖啡、矿物燃料、石油、沥青、皮革及其制品、钢铁、铝及其制品、塑料制品等食品和原材料;巴拿马从中国进口的主要商品有矿物燃料、船舶、纺织品、服装、电器产品、机械设备、钢铁产品、家具、床上用品、皮革制品、塑料制品、玩具、通信设备、橡胶鞋、精炼石油等工业制成品和生活消耗品。中国企业,特别是零售行业的商户为了迅速进入和占据当地市场,可以考虑利用巴拿马华人和华裔比例高的优势,建立华人销售代理渠道,也可利用在投资上的优惠政策,开办分公司设点经营。

中国在技术、资金和人才等方面的优势符合巴拿马在当前经济发展上的需求,有多家中资企业在巴拿马投资和承建项目。在产能合作方面,中巴之间已经签署了《关于共同推进丝绸之路经济带和 21 世纪海上丝绸之路建设的谅解备忘录》《关于铁路交通系统领域合作的谅解备忘录》《关于开展产能与投资合作的框架协议》《中华人民共和国政府和巴拿马共和国政府海运协定》等一揽子合作文件。中巴两国在服务业上的合作潜力巨大,两国建交后已取得较大突破:其一,在传统的航运服务和会展服务中,建交有利于航行贸易投资,便于人员和商品交流,将推动相关领域合作的继续扩大。2018 年 6 月,中国拉美金融合作领域具有里程碑意义的产品上市——巴拿马进入中国债券市场,发行首只主权熊猫债券。巴拿马财政部批准中国银行和中国国家开发银行为牵头主承销商,金额为 20 亿—30 亿人民币。其二,在金融服务领域,巴拿马金融分支机构的设立,有利于中资机构更好地利用巴拿马地区性金融中心的地位,推动双方金融合作的开展。2020 年 6 月 12 日,中国和巴拿马建交 3 周年之际,巴拿马银行总署向中国工商银行颁发正式牌照,同意设立中国工商银行巴拿马分行,这是中巴两国建交后首家正式进入巴拿马的种子银行。其三,在旅游业方面,建交之前,中巴双方在对方国家互设商务代表处,不能办理签证业务,中国游客和商户访问巴拿马需要前往日本等第三国申请签证。建交无疑为中国游客赴巴旅游带来极大便利,为推动两国旅游文化发展带来巨大机遇。

　　但是应该清醒地看到,中国和巴拿马双边贸易结构并不平衡,根据中国海关的数字,中巴建交元年即 2017 年,两国贸易总额为 66.9 亿美元,同比增长 2.8%;中国出口额为 66.28 亿美元,同比增长 2.4%;进口额虽仅为 0.62 亿美元,但同比增长幅度明显,达到 67.6%。因巴拿马的特殊地理优势,中国出口到巴拿马的绝大多数商品最后都转销到其他拉美国家,中巴之间直接的商品贸易往来数额还有较大的提振空间。中国和巴拿马的相互投资绝对数额和所占比重不高,2005 年至 2017 年 10 月,中国在拉美和加勒比地区各国的投资主要集中在巴西、秘鲁、阿根廷 3 国,占总额的 81%,而在巴拿马的投资只占总额的 0.7%。截至 2017 年底,巴拿马的外国直接投资总额为 501 亿美元,主要投资国为美国、哥伦比亚、英国、南非和瑞士。

世界第二大自贸区，
中国供货量全球第一

　　巴拿马著名的科隆自由贸易区成立于 1948 年，位于巴拿马运河大西洋入海口处的科隆市，是世界上仅次于我国香港的第二大自贸区，也是美洲最大的免税区。中国近年来一直都是科隆自贸区最大的商品供应国和贸易伙伴。

　　当今世界上的自由贸易区分为广义和狭义 2 种，巴拿马在科隆建立的是狭义上的自贸区——通过消除关税和贸易配额限制，减小对企业投资、经营以及人员进出的限制，扩大开放等方式促进经贸的发展。货物进入科隆自贸区之后，在存储、加工、再包装、出口等各个环节不用再缴进口关税或其他税金，进出自贸区的外国货船享受领事费和手续费的豁免。

　　科隆自贸区建设并非一日之功，1917 年，在巴拿马运河通航 3 年之后，巴拿马就开始讨论在科隆建设一个自贸区的可行性。"二战"之后，在时任总统西门内斯（Enrique A. Jimenez）的主持下，自贸区的计划重新启动，聘任美国自贸区权威专家里昂斯（Thomas E. Lyons）对可行性方案进行论证。科隆因为优越的地理位置，被推荐为建设自贸区的最佳地点。追溯科隆自贸区的发展和演变历史，主要分以下 3 个阶段：

　　第一，仓库区阶段。20 世纪 50 年代，在生产和贸易国际化的历史背景下，创立贸易型自由港和自贸区参与国家分工，分得全球化时代红利的经济发展途径在全球蔚然成风。有着得天独厚的地理位置、无与伦比的交通条件、源远流长的贸易历史、根深蒂固的经商文化的巴拿马人马上嗅得了商机,于1948年开始了在巴拿马运河端口、加勒比海良港科隆建设自贸区的规划,并于1953年正式开放投入使用。

20世纪70年代以前,因巴拿马国家不大,国内市场体量狭小,科隆自贸区仅建起了几间仓库,初期入驻公司仅11家,后期迅速膨胀到300多家,主要依靠转口贸易存活。区内的贸易公司采购到世界各国,特别是亚洲的物美价廉的小商品之后,放在自贸区租赁的仓库门外小橱窗展示,坐等来自国内和中南美洲的商户上门询价,一经转手就可以获得5—10倍的利润。其中最畅销和紧俏的商品根本就不需要推荐,而是深藏在公司内部区域,留给熟客和大宗采购商。这一阶段科隆自贸区内进出的主要商品包括鞋、服装、电子产品、工业机械、运输工具、原油、化工、医药和食品,年进口额稳步增长,从早期的2000万美元发展到20亿美元。

第二,百货街阶段。20世纪70年代之后,随着巴拿马国内和国际形势的变化,特别是美国军队从科隆地区撤军导致外国投资急剧下跌,拉美国家普遍复制巴拿马模式——建立自贸区、直接与商品生产国联系,科隆自贸区的业务遭到打击。仓库式的经营模式因为商品的滞销和客人的减少难以为继,主管部门允许进驻商户以百货街的模式在自贸区内免税零售货物,吸引国内和国际投资者开设加工制造业企业,货物种类丰富多样。进口免税等优惠政策迅速刺激了自贸区的进出口贸易额,90年代之后,科隆自贸区出口贸易额实现井喷式增长,1996年达到110亿美元,当年的利润额首次超越巴拿马国内生产总值。

第三,多元化阶段。进入21世纪以来,科隆自贸区保留和发展了原有的贸易产业之外,还大力发展运输、通信、金融、保险、房地产、旅游等产业,多点开花,适应新的国内和国际经济发展形势。传统的仓储区以转口贸易为主,不仅可以储存货物,还能够在自贸区内进行产品的包装、组装等简单再加工,提供境内关外加工贸易的条件,以此合法规避欧盟、美国、巴西等国实行的原产地规则。中国是科隆自贸区货物的最大来源国,主要货物类别有丝织品、工具、家用电器、玩具、日用品等,日本的家用电器和意大利的首饰也占据一定的份额。自贸区的主要出口国有美国、加勒比地区各国、墨西哥、巴西、厄瓜多尔、委内瑞拉等。2016 年,巴拿马国会通过议案,同意科隆市执行特殊自由港体系的新法,科隆市内 16 条街道建成购物区,吸引全世界的游客前来采购免税商品。在南美洲区域经济一体化的背景之下,科隆自贸区逐渐成为包括铁路、航空、海路、公路等在内的区域多通道物流平台。

巴拿马政府通过先确定相关法律政策,再设立自由贸易区的方式,明确了自贸区的自治性质和法律地位,为自贸区的发展提供了健全的法律保障。除了本国的法律法规,还制定了一系列促进自贸区贸易和投资发展的各项优惠性政策。此外,也明确了保护本国员工权益的限制性政策。科隆自贸区采用政府管理的模式,由国家立法通过组成的董事会,对贸易区实行统一管理,根据法律授权实行机构一体化、管理一体化、服务一条龙,坚持层次少和权力集中的原则,简化办事手续。董事会由巴拿马政府的工商部部长、经济财政部部长、总统府部长等官员,以及董事会执行委员会的委员和候补委员组成。科隆自贸区执行委员会是董事会的下属机构,由自贸区管理委员会总经理和 5 名巴拿马公民组成。自贸区管理委员会负责管理和组织区内进驻企业和商户从事进口、展销、制造、装配和转口等业务,承担出租和修建住房、厂房、地皮,批准外国人区内经商等服务性功能。自贸区管理委员会是巴拿马政府管辖的自治机构,总经理由总统直接任命。

在科隆自贸区所有的政策中,最为突出的就是税收优惠。巴拿马公司所得税平均为30％—40％,但是科隆自贸区只征收2.5％—8.5％,除了车辆牌照税外,销售税、增值税、不动产销售税以及企业和个人的市政税全部免除,征收关税的商品为烟酒和危害公共安全物等。可以享受免税的项目涉及自贸区所有商业活动:商品进入自贸区后,其储存、加工、包装和再出口不需再缴税费;自贸区的工资在资本输出和分配股息时免税;进出自贸区的货船免收领事费和手续费;自贸区内商户以生产为目的采购的机器、原材料、设备免缴进口税;使用2年以上资产的买卖不用缴纳资本收益税……

除了税收上极大的优惠之外,在科隆自贸区内成立公司的手续也非常简便:国内外商户只需要向自贸区管理部门申请许可,雇用10名巴拿马当地公民就可以注册公司,不要求办理经营执照,也没有投资额度的限制。在缴纳进口关税后,自贸区内的公司可以将货物直接销售给巴拿马境内的顾客,或者转销给自贸区内其他的客户。公司也可以将自贸区仓库内存储的货物再次出口到其他国家,国际业务的收入和利润分配免税。自贸区的客户办理存款业务不需公开身份,也不用提供公司营业执照。科隆自贸区设立海关,只对进出口货物的通道进行监管,不干涉区内商户的正常经营活动,进出口手续简单快捷,通关效率高,豁免关税的范围相对较宽。

21世纪20年代的最后2年,巴拿马运河扩建工程完成后货运能力提升,这为科隆自贸区的发展注入了强心剂,但是受全球经济形势拖累,科隆自贸区业务在上扬之后又出现了下滑。2018年贸易额总量209.3亿美元,同比增加6.5％,其中进口额98.6亿美元,同比增加7％,转口贸易额达到110.8亿美元,同比增加6.2％。到2019年,自贸区两大数据都有小幅下滑,进口额86.55亿美元,转口贸易额98.14亿美元。最近统计显示,进入科隆自贸区的商品主要是手机及其配件、鞋类、药品、轮胎、香水、香烟、服装、珠宝首饰,主要来自中国、美国、新加坡、越南、墨西哥、法国等国家。由于科隆自贸区辐射的市场多为发展中国家,消费者收入水平不高,转口的货物主要是中、低价位产品,市场竞争激烈。在巴拿马从事转口贸易的除了华人以外,以犹太裔、印度裔及阿拉伯裔商人为主,特点是进价低、订单量大。

　　巴拿马就不稳定的现状对科隆自贸区的发展做了一系列的规划和调整:开发和深挖南美和国内市场的存量,鼓励区内商户调整贸易流向,开拓新的市场;升级园区建设,打造电子商务信息和操作平台,利用税收优惠杠杆盘活转口贸易,再推招商引资优惠政策,吸引了华为、惠普、辉瑞等国际知名企业入驻自贸区建立总部和分销中心。截至2020年,已经有超过150家跨国企业在巴拿马设立了总部。除了巴拿马的区域优势以外,还得益于该国2007年颁布的关于建立区域总部的第41号法令,这为在巴拿马设立区域总部的公司提供了很多的优惠措施。在税收方面,无论是公司,还是在总部工作的外籍员工都享有一系列税收优惠政策:跨国公司区域总部为境外公司提供服务,所得收益无须在巴拿马缴纳所得税;持永久个人签证的总部员工其巴拿马境外发放的个人收入免征个人所得税。在签证方面,为了方便区域总部人员流动,可为区域总部员工及其家属提供长期或临时签证。在劳动政策方面,持有区域总部工作人员签证的员工不受巴拿马劳工法关于外派员工和巴拿马当地员工比例 1∶9 的限制。在区位选择方面,区域总部办事处可设在巴拿马共和国的任何地点。

我国企业进驻科隆自贸区的历史可以追溯到 20 世纪 70 年代,中国在全球设立了五大贸易中心,其中拉美中心选择了巴拿马的科隆自贸区。进入 80 年代后,拉美中心转轨改制,国内企业抓住时机,为了开发拉美和加勒比地区的广大市场,抢滩"世界的桥梁"——巴拿马,中远海运、中国港湾、中国建筑、中国电建国际公司等行业龙头相继在科隆自贸区成立公司或办事机构。2015 年,华为公司在科隆自贸区建立业务范围包含进出口、装配和软件加载等的分拨中心,覆盖拉美 35 个国家 65％的总业务量。

中国商船运到自贸区的货物不仅供应巴拿马市场,而且以此为中转站,继续向拉美其他国家转运。中巴贸易中的绝大多数货物最终目的地是第三国,科隆成为中国货物与投资进入拉丁美洲和整个世界的跳板和基地。

从巴拿马博览会到巴拿马的博览会

2015 年 6 月 12 日，中国商业联合会、中华全国商业信息中心在北京鸟巢举办了"中华民族品牌成长论坛暨纪念 1915 年巴拿马太平洋博览会中华民族品牌获奖 100 周年"新闻发布会，面向全国发出启事："寻踪——获奖百年民族品牌，你在哪里？百年功勋章——获奖百年纪念铜盘等你认领！"在 100 多年前举办的巴拿马博览会上，中国商品吸引了全世界的注意，也收到了从全球雪片般飞来的订单。如今仍然有为数不少的老字号产品在宣传推广之时引用巴拿马博览会获奖的历史，甚至商品标签上仍印有"荣获巴拿马博览会金奖"的字样。

在参加巴拿马博览会之前，清政府曾经派团参与了 1876 年美国费城世博会、1893 年美国芝加哥世博会、1900 年法国巴黎世博会、1904 年美国圣路易斯世博会、1905 年比利时列日世博会、1906 年意大利米兰世博会等，虽有零星奖项斩获，但是对国家名望、商品销售、技术交流等的实际提升效果有限，最主要的原因就是对会展业运营机制和效应缺乏认识，中国送去的展品随意且缺乏论证，甚至将鸦片烟具、各种刑具、三寸金莲式的鞋子等物品带到国际展会上，如此只能引来西方人猎奇甚至是嘲讽的目光，对推销本国商品、展开技术交流、发展工商业等世博会的宗旨性功能开发、利用不足。

1912 年 2 月，时任美国总统威廉·霍华德·塔夫脱向全世界宣布，巴拿马太平洋万国博览会将于 1915 年在旧金山举行。

之后,以美国太平洋沿岸各商埠总商会特使与巴拿马太平洋赛会特使罗伯特·大来为首的美国政商界人士率领代表团数次访华,游说刚刚成立不久的北洋政府赴美参加博览会。然而,为什么于美国旧金山举办的盛会在名称上却使用了2个完全不相关的地名——太平洋和巴拿马呢?原来这次世界博览会立意清奇,一是为了纪念人类发现太平洋400周年,二是为了纪念美国主持下的巴拿马运河工程正式通航。机缘巧合之下,中美洲小国巴拿马借助博览会的召开,蜚声全球。在《巴拿马赛会直隶观会丛编·预会志略》一书中,出现了中文世界里有关巴拿马运河的最早记录:"太平洋与大西洋之间相距仅四十七里耳,山岭高峻,水道不能直达,而航海者乃须绕道美洲南角,经一万五百里之长途,始能交通于此四十七里间所能交通之处。于是,运河之设,乃为世界航海家所大注意。"

成立不久的民国政府在收到巴拿马博览会的邀请后反应迅速而积极,成立了专门负责盛会组织和准备工作的临时性机构——"筹备巴拿马赛会事务局",各地方政府则应声成立了"筹备巴拿马赛会出口协会",在全国范围内征集美术、教育、社会经济、文学、制造工艺、机械、转运、农业、牲畜、园艺、采业冶金、在太平洋界内新发现物及航海等12个门类的展品,要求展品品质出众精良、包装美观实用,并明确提出了中国参加展会的十大目标[①]:

(1)恢复固有国产之名誉;

(2)扩张土产输出额;

(3)采外人嗜好改良输出品;

---

(4)比较各国改良大宗出产;

(5)诱起国民世界的企业心;

(6)研究运河开通商业大势变迁后国际贸易办法;

(7)循世界企业潮流确定吾国商业上之进行方略;

(8)乘机调查万国出产中与我国同类物品之竞胜办法;

(9)表示我国民商业道德,以植国际贸易之本源;

(10)联络美国,共图太平洋之商业权。

1914年6月,国民政府农商部派人到各省督办参会准备工作,直隶、山东、奉天、吉林为北路,河南、湖南、湖北、江西、安徽为中路,江苏、浙江、福建、广东为南路,分别接受了检查。最终走出国门参加展会的主要大宗商品有以下几种:白丝、黄丝、野蚕丝、机器缫丝、乱丝头、烂茧壳等丝类;红茶、绿茶、红砖、小京砖、茶末等茶类;裘货、生皮、熟皮等毛皮;棉花、火麻、亚麻等棉麻;豆子、豆饼、面粉、芝麻、粉丝、子饼、火食等粮食;绸缎、山东茧绸、丝绸缎货、土布、夏布、纺绸等绸布;袋包、衣服、靴鞋、草帽、木丝帽、草帽缠等服装;瓷器、陶器、料器、砖瓦、金银器、木料木器、竹器、漆器、纸扇等器具;牛、羊、猪、驴、骡、马、鸡、鸭、鹅、蛋白、蛋黄、鲜蛋、鱼介、海味、京巴狗等畜牧水产;白术、樟脑、桂皮、鹿茸、红花、陈皮、大黄、甘草、五倍子等药材;豆油、茶油、桐油、桂油、牛油、柏油、猪油、花生油、八角油、玫瑰油等油类;铁、铜、铅、锡、水银等金属;纸烟、烟叶、烟丝、各种酒类等烟酒;桃、李、杏、梨、广橙、福橙、香蕉等水果;赤糖、冰糖、白糖等糖类。因路途遥远,中国的展品在1914年底就从全国统一运往上海,装入在港的美国太平洋邮船公司的货轮再发往美国。

1915年1月14日,巴拿马博览会组织方举办活动,欢迎平安抵达会场的中国代表团。中国近代历史上著名博览会事务专家、中国赴美赛会监督兼巴拿马赛会事务局局长陈琪(祖籍浙江青田)发表演说:"旷观世界大势在东半球之相对相亲者,宜莫如中美两国。盖就历史言,则百余年来玉帛相见,两国从无失和之事,就地理言,则太平洋东西遥相对峙,一水可通,最称便利。就政治而言,则美以合众中以共和政体亦复相同,新造之邦正资借镜。"①陈琪的演说表达了参展政治上寻求友谊,贸易上推广良品的双重目的。

1915 年 2 月,巴拿马太平洋万国博览会在美国旧金山拉开帷幕。博览会历时 9 个半月,虽正值第一次世界大战期间,但大会仍吸引了 31 个国家派出代表团,参展商品数量超过 20 万件,参会人员超过 1800 万。此次博览会共设有 6 个级别的奖项,分别为鼓励奖(入围赛品,无奖牌有奖状)、铜奖(60 分以上)、银奖(75 分以上)、金奖(85 分以上)、荣誉奖(也称名誉奖,95 分以上)、大奖(荣誉奖中的最佳)。

博览会特设巴拿马运河模型展览,占地 2 万平方米,全面地展示了巴拿马运河的运行方式。观众可以乘船抵达这个展点,坐在转动的椅子上观赏运河,聆听巴拿马运河历史和工程运行的介绍,感受这个工程的伟大。

在国民政府的部署和组织下,中国有 24 个省部级单位精选出管辖范围内的 10 万件特产出洋展览,展品数量和陈列面积在展会上拔得头筹。虽然中国参展的商品数量最多,但是经费却少得可怜,仅有 24 万美元,远低于日本、意大利、法国等强国,甚至比古巴还要少。从商品类型上看,中国选送的商品以传统土特产为主,与美国、意大利等以工业展品占绝大多数的

---

① 《中国赴美赛会监督处第一期报告目录》,《中国实业杂志》第 6 年第 9、10 期合卷,1915 年 10 月 1 日。转引自梁碧莹:《民初中国实业界赴美的一次经济活动——中国与巴拿马太平洋万国博览会》,《近代史研究》1998 年第 1 期,第 82 页。

国家存在明显差距。随团工作人员绞尽脑汁，量入为出，设计了农业、工业、教育、文艺、美术、交通、矿物、食品、园艺等 9 个主题陈列馆。更令人称道的是，中国代表团还按照传统宫廷风格打造了一座包括正馆、东偏馆、西偏馆、亭、塔、牌楼等六大古典建筑元素的中华政府馆。由于风格独特、设计精美，展示了中国宫室制度和韵味风格，中华政府馆被评为头等大奖，展会闭幕后整体迁移至美国金门大公园，永久保存。

此次，中国展馆参观人数众多，产品数量和质量征服了主办方和观众，在巴拿马博览会上刮起了一股东方劲风，展会组织者特别将 1915 年 9 月 23 日定为"中国日"。盛会闭幕后，中国在奖项上收获颇丰，得奖数量上仅次于东道主美国，超过其他国家，位居第二。中国代表团共带回故土 1211 个奖项——57 个大奖、74 个荣誉奖、258 个金奖、337 个银奖、258 个铜奖、227 个鼓励奖。在这些获奖产品中，浙江选送的罗纺、绍酒、酱油、雕木等产品崭露头角。在酒类产品里，今天浙江台州的仙居酒获得乙类荣誉奖，浙江绍兴会稽山黄酒获得银奖，浙江绍兴谦裕萃陈绍兴酒获得铜奖。除此之外，浙江的传统物产也获得了国际认可，浙江的红茶、绿茶、蚕桑叶、茧获得甲级大奖，浙江 Chiu Kir Ying 绿茶获得银奖，浙江 Hung Gang 茶获得铜奖。

借由巴拿马博览会的绝佳推广和展示平台，中国展品不仅收获了名气，也得到了实际的利益。物美价廉的中国商品集体亮相国际舞台的当年，美国就派出了众多代表团访华寻找供货商，充分利用成功通航的巴拿马运河，将中国的货物推向美国、拉美和欧洲市场。丝绸、茶叶、瓷器等传统优势产品出口量立竿见影地大幅攀升。博览会举行的当年，中国出口美国的 3 个大宗商品——丝绸、茶叶和桐油出口额同比增加了 6000 万美元。因为印度茶叶的挤压而节节败退的中国茶叶,借展会春风,在世界范围内的出口量大幅增长。而一些原本在世界上不知名的产品也打开了知名度,产自甘肃、直隶、云南等省的地毯,于巴拿马博览会后成功打入美国市场,出口额翻了 10 倍。此外,俄国、日本等也加大了对中国产品的进口量。

虽然 1915 年的巴拿马博览会并不是在巴拿马举行的,但是会展经济是巴拿马外向型经济最重要的组成部分,每年有包括巴拿马国际贸易博览会、巴拿马物流展、巴拿马旅游展、巴拿马建材展、拉美汽配展、拉美轮胎展等在内的 60 多场国际专业展会在巴拿马两洋会展中心举办。自 1994 年起,中国每年都组团参加巴拿马影响力最大的综合贸易展会——巴拿马国际博览会。该展会主办单位是巴拿马工商会,从 1982 年起每年 3 月份开展。展览面积约 12000 平方米,参展国家 30 多个,不仅是巴拿马也是中、南美洲地区影响最大的行业盛会之一。中巴正式建交之后,2018 年,来自浙江、上海、江苏、山东等地的百余家中方企业集体亮相博览会,展出商品以轻工纺织产品、日用小商品、电子产品、五金工具等为主,是当年博览会上最大的参展国。此外,中国也是当前拉丁美洲(巴拿马)国际汽配展、拉丁美洲(巴拿马)国际轮胎展、拉丁美洲(巴拿马)国际照明展、巴拿马国际贸易博览会等重要展会参展企业及展位数最多的国家之一。

一成国民有中国人血统，
华人融入巴主流社会

1992年8月27日,巴拿马市政府发布第43号决议,为远道而来支援巴拿马铁路和大运河建设的华工修建纪念碑。2004年,巴拿马正式立法将3月30日定为"全国华人节"。2007年,在华人抵达巴拿马150周年之际,纪念碑和中巴公园建成,成为中国人去巴拿马城旅行的热门打卡景点。巴拿马总人口300多万,其中华人所占的比例在5%左右,名字中有中国姓,即具有华人血统的人数则更多,一般认为占人口总数的10%,有专家认为35%的巴拿马人可以在他们的家族谱系中找到中国人的血统。这个和中国远隔浩瀚的太平洋,直线距离15000千米的中美洲小国不仅华人的数量众多,移民的历史也非常悠久。早在19世纪中期就有华人进入巴拿马,其曲折坎坷、沧桑荣光的移民历史大体上可以分为3个阶段。

第一阶段:铁路移民。经学者考证研究,19世纪40年代开始,独立后不久的美洲各国劳动力缺乏,古巴、秘鲁、美国等国家迎来大批华人契约劳工,总人数有20万左右。1850年,1000名华工从美国加利福尼亚州前往巴拿马,受雇于美国铁路公司,加入世纪工程——巴拿马跨洋铁路的修建,这是世界上第一条连接大西洋和太平洋的纵贯铁路,也是美洲的第一条纵贯铁路。此外,巴拿马铁路施工方还从中国广东、福建等东南省份直接招募华工。在厦门、汕头等港口上船之后,华工们经过3

个月艰苦的海上漂流才到达巴拿马湾,从塔博咖(Taboga)岛登陆后再转到巴拿马城小住,然后集体到巴拿马铁路西半段工地。根据与施工方和工头签订的合同,从事修筑铁路这样繁重劳累工作的工人的每月绝大部分收入,被巧立名目折成伙食费、日用杂费、中国到巴拿马船票等扣除,工人最多到手 1/3。一部分华人待有了积蓄、机会成熟后就散居到其他地区,靠农业、商业、手工业等别的行当谋生,从走卒贩夫沿街叫卖,到开店经营立稳脚跟,华人商户从铁路沿线和周边城镇逐渐向其他地区扩张,商铺也从餐饮杂货拓展到商行、洗衣店、五金店,甚至开起了种植园和加工厂。

从 1849 年至 1855 年铁路竣工,有 4000 名左右的华工到达巴拿马。由于恶劣、残酷的环境,在航海过程中以及到达之后,不少华工染病、受伤甚至自杀,在异乡抱憾而去:1852 年美国从中国招募了 300 名赴巴劳工,有 72 人在长途行程中死亡,到达巴拿马时只剩下 228 人。1853 年从中国起航奔赴巴拿马的 425 名中国人,有 96 人不幸在途中遇难。在巴拿马铁路的修建工程中,靠近大西洋一侧的东半线主要是由来自爱尔兰的工人负责施工,太平洋端铁路线上的劳工则以华人为主。巴拿马铁路局的官方记录显示,有 567 名中国籍工人在铁路的修筑过程中不幸去世,他们的尸骨被埋在远离故土的铁路沿线。

巴拿马跨洋铁路竣工后,尚未独立的巴拿马对华人和华工的需求迅速降温,一部分华工选择继续留在巴拿马,还有一部分人继续上路,来到牙买加、古巴等加勒比海地区的甘蔗种植园工作。因为地峡重要且得天独厚的地理位置,巴拿马也成为从中国出发赴拉美和加勒比地区移民务工华人的中转站。经过长途奔波之后,一部分劳工改变了从中国出发时定的最终目的地,选择留在巴拿马,他们和铁路建设完成后选择继续留居地峡的前人一起成为巴拿马华人的基础和主体,到 19 世纪 70 年代,巴拿马的中国移民数量已经超过 2.5 万,95% 以上来自广东省。① 当时巴拿马全境总人口为 128897 人,华人占当地人口总数的 16% 左右。

第二阶段:运河移民。19 世纪 80 年代开始,巴拿马的另一项世纪工程——巴拿马运河在法国人的主持下开工,曾在跨洋铁路中发挥重要作用的华人再次被集体招募到巴拿马。19 世纪八九十年代,有约 5000 名华工抵达巴拿马支援运河的施建。据清廷《外务部档》记载,光绪十四年出使美、西、秘大臣张荫桓曾上奏折称:"(1888 年)广东客民赴役(巴拿马运河)者两千人。"光绪三十二年九月出使美、秘、古、墨大臣梁诚致清政府农工商部函称:"又陆续运去几千名华工开凿巴拿马运河。"

法国运河公司初期试图以契约劳工的方式从中国招募大批劳动力,但是清政府拒绝了法国公司的要求,只有少数华工是直接从中国出发来到巴拿马。运河工地上的绝大多数华人劳工是从特立尼达、圭亚那等美洲其他国家和地区自发迁移到巴拿马的。19 世纪 90 年代,法国运河公司破产,参与工程的华工失业后,大部分人留在巴拿马,沿铁路线分散定居,以农业为生,另外一些华人则慢慢向城镇聚集,开始从事杂货零售等行业。

早在 19 世纪 80 年代,巴拿马的部分华人已经站稳脚跟,在异国他乡取得了事业上的成功,巴拿马城出现了永和昌、华安、永利成、朱氏公司、三环公司等闻名全国的大型店铺和商行,"仰望龙旗招展,则华人酒楼也,车经开河之地,畚锸未辍,

① 徐世澄:《中国和巴拿马建交是历史的必然》,《友声》2017 年第 4 期,第 29 页。

华人沿街列肆卖食物,不一而足"①。1882年,中国人有规模地在巴拿马定居下来的一个标志性组织——华安公祠宣告成立,这也是华人在巴拿马正式注册登记的第一个侨社组织。按照中华传统习俗,华人在巴拿马市面朝大海的山腰上选定了一块符合风水观念的空地,兴建安葬魂弃异乡的亲友同乡的墓地。公祠除了承担过世先人的身后事——按照中国人魂归故土、落地为安的习俗,尸骸在公募内葬满3年之后,尸骨捡送回国交由亲人认领——还成为维系海外华人之间的纽带。落难同胞可以在这里寻求帮助,甚至华人之间发生纷争也前来诉理仲裁。1904年,华安公祠改称中华义庄。

20世纪初,美国人接棒运河工程后,又有5000余中国人被招至巴拿马,补充施工急缺的劳力以及承担后勤保障等工作。据《清季外交史料》记载,20世纪初,美国继续在"该处开河,华民众多"。清廷《外务部档》显示,1906年美国所属巴拿马运河局从南洋各处招募2500名华工开河。据美国留学生林葆恒等致清廷外务部禀呈,美国于1906年派代理周超、汤辅民等到中国直接招募华工。

宣统元年,外务部已知有3000余名华工在巴拿马运河上做工,次年巴国华人劳工数量增幅明显,"约五千人,商居其九,耕种畜牧约二百人,洗衣及业裁缝者亦二百人,不工不商衣食于赌者百余人"②。1909年,为了保护巴拿马华工的利益,清政府任命欧阳庚为驻巴拿马国总领事官。次年,巴拿马总领事馆正式成立。华侨在巴拿马置办产业最初不被保护,巴拿马政府

---

① 张荫桓:《三洲日记》,岳麓书社2016年版,第369页。

② 《宣统二年十月三十日试署巴拿马总领事欧阳庚为巴拿马地方华民工商及现办各事情形事揭帖》,中国第一历史档案馆藏外交部档案,档号:18-3674-001附件。

大多不给发放执照,中国驻巴拿马总领事馆设立以后,经由总领事官签字后,才给予发放。

清政府驻巴拿马首任总领事官欧阳庚上任之后对在巴华人概况进行了调研。"华民商务之在巴国者,以巴京(巴拿马城)为最大,次则个啷埠(今科隆市)。由巴京至个啷埠开河一带,火车路所经约华里一百四十余里,华民商铺约三百家,零星散处各埠者亦不下百十家,约共有三千余人,商多工少。我华民商务从前本甚发达,自前岁美国在开河一带开设卖平货公司专售物件予开河工人,我华民商务逐致减色。现在商务情形大非昔比,然尚有微利可图。又我侨民在该国置有产业者,亦不乏人。"①1908 年,华人开办的零售企业占据了巴拿马城该行业总量的 79%。20 世纪初,在巴拿马城的教区已经出现小规模华人聚居的中国城。

1911 年巴拿马独立之后进行了第一次全国人口普查,虽然因之前出台的禁止中国移民入境法律,大多数华人没有按时在当地注册,但仍有 2003 名中国人出现在统计公报中,远多于总数为 25 人的日本人,大多数华人分布在巴拿马城、科隆、牛口等大城市。

1913 年,巴拿马出台法律规定,所有在 1904 年以后入境和没有合法证件的华人必须注册,遭到了中国移民群体的反对和抵制,许多华人商店关闭、商家罢工,中国驻巴拿马领事馆因介入华人维权的行动中而被巴国政府取缔,由中国驻美国领事馆暂管巴拿马华侨事务。经过交涉,1913 年底在巴定居的中国人最终同意到政府指定的部门登记,当年共有 7297 名华人注册。

---

① 《宣统二年四月十八日试署巴拿马总领事官欧阳庚为抵达巴拿马外大概情形事信函》,中国第一历史档案馆外务部档案,档号:18-3667-006。

1914 年巴拿马运河成功通航后，大规模集中移民的浪潮告一段落，但仍有中国人继续移居巴拿马，投奔亲友，寻找机会。

华人与巴拿马运河结缘不仅表现在曾亲自参与工程的修建上，还表现在主动声援巴拿马收回运河主权的斗争上。1977年 8 月 19 日，巴拿马和美国签署《托里霍斯-卡特运河协定》，约定美国人于 1999 年 12 月 31 日将运河主权移交给巴拿马政府。华人社团首先登报发表声明公开支援巴政府，庆祝运河主权回归。

第三阶段：新兴移民。20 世纪 70 年代末开始，改革开放政策的推进打开了中国与世界交流和沟通的大门，以广东、浙江、福建为代表的沿海省份民众，追随 100 多年前同胞的足迹，开启新时代的跨洋之旅，通过亲帮亲、邻帮邻的"一带一"模式来到巴拿马寻找商机，80 年代合法移居巴拿马的华人就有 2 万人。新移民初期选择在华人人口比较集中的巴拿马城、科隆等地发展，如今巴拿马几乎每个省都有中国人的身影。

目前生活在巴拿马的华人有 15 万左右，绝大多数祖籍广东——其中 2/3 来自广东花县，恩平、开平、台山、新会、中山等地也是华侨的主要来源地，旅居巴拿马的侨胞大都讲广东话。新侨群体有很多来自浙江、福建、辽宁、北京、湖南、山东、河北、河南等地。随着中国和巴拿马商贸之间的合作与往来越来越密切频繁，中国远洋运输集团总公司、中国银行股份有限公司、中国港湾建设集团总公司、中国海运集团总公司、中国深圳中兴电讯公司等大型国有企业在巴拿马陆续设立了分公司，巴拿马讲普通话的华人越来越多。之前只会粤语的老一辈侨胞除了自己说普通话外，也开始督促下一代学习汉语。

生活在巴拿马的华人华侨开始涉足政治、经济、社会、文化等各个领域，几乎每个行业都有顶尖人物出现。据不完全统计,在政府系统担任要职的有安东尼奥·塔克(1970—1975 年任外长)、潘清(1975—1978 年任文化局长)、李诗雅(1984 年任住宅部长)、莫新度(1978 年任公共工程部长)、李智明(1985—1988 年任劳工部长)、爱德华多·里特尔(1988—1989 年、1998—1999 年任外长,2004 年任总统外事顾问)、莱昂纳多·甘(1989 年任外长,2004 年任驻华代表)、伊沃内·杨(1999—2004 年任总统府部长)、郑道华(1989 年任移民局长,1991 年任总审计长)、刘玉珍(1990 年任巴拿马市副市长)等。

在科技领域,先后完成巴拿马历史上首例 RH 非溶性输血手术、首例高血压脾门庭手术和首例肝切除手术的就是 1942 年毕业于德国柏林大学医学专业的华人医生朱煜全。一些华人中医大夫和诊所也赢得了巴拿马当地人的信任。此外,华侨华人在文学、体育、文化、新闻出版等领域都有出色表现。卡洛斯·弗朗西斯科·张马林是巴拿马著名华裔诗人,有着极高的知名度,多次斩获当地权威的文学大奖。

2018 年 11 月 30 日,在对巴拿马共和国进行国事访问前夕,国家主席习近平在巴拿马《星报》上发表的《携手前进,共创未来》的署名文章中特别强调,双方要广泛开展各领域交流,要发挥好巴拿马华人血缘纽带的作用,让中巴友好更加深入人心。

巴拿马华人总协会副会长朱伟平在接受记者采访时总结了在巴华侨的心声:"华人约占巴拿马人口总数的十分之一。中巴建交以前,巴拿马人对中国知之甚少,华人也并没有融入当地社会。而现在一切都不一样了,两国建交和巴拿马总统首次访华,有利于巴拿马人加深对中国文化和经济发展现状的了解,也有利于在巴华侨华人更好地融入主流社会,提升社会地位。以前,巴拿马政府对华人关注较少,然而建交以来,政府组织的文化活动、表彰大会等大多数活动都会邀请侨团参与。"①
作为巴拿马曾经的开拓者和建设者，华人告别了在异国他乡的
温饱和立足阶段，开始积极融入并影响巴拿马的主流社会。

---

① 王高飞：《巴拿马华人讲述你所不了解的"中美洲明珠"》，
https://www.sohu.com/a/206395949_115239，2017 年 11 月 24 日。

下篇

巴拿马与浙江

　　浙江省地处中国东海之滨,陆地面积 10.55 万平方千米,常住人口 5590 万,是中国的"鱼米之乡、丝茶之府、文物之邦、旅游胜地"。中华人民共和国成立后,特别是改革开放以来,浙江省发展迅速,谱写了新的奇迹和传说,是目前我国较为发达的省份和对外贸易大省,多项指标位于全国前列。

　　浙江与巴拿马距离遥远,横亘在两者之间的世界上最大海域——太平洋曾经是彼此直接交往不可跨越的阻碍,随着技术的进步和发展,而今则成为平坦开阔的水路,两地的人员、货物、投资、文化等方面的交流借道海运和航空,联系空前紧密。在中国和巴拿马建交的 2017 年,巴拿马所在的拉丁美洲已经成为浙江第四大出口市场,浙江与巴拿马之间的双边贸易额达到了 15 亿美元。"敢为天下先,勇当弄潮儿",是浙江发展最生动的写照,也是浙商最鲜明的特质和基因。来自浙江的商人自强不息、吃苦耐劳、开拓奋进、追求卓越,在海内外建立了 140 多万家企业,目前科隆自贸区内的 50 多家中资企业,来自浙江的就占据了半壁江山。

　　近年来,出现在巴拿马的浙江商人越来越多,他们在异国他乡打拼,在加勒比海沙滩上怀念浙东渔岛的日出和夕阳;如今,美丽的杭州也迎来了年轻的巴拿马留学生,香醇的奶茶抚慰着他们思念巴拿马咖啡的乡愁;浙江的展会策划人敏锐地发现了巴拿马在浙江商品出口上不可替代的枢纽地位,带领家乡的商人在世界的心脏——巴拿马地峡的国际展会上推销自己的优势产品和技术;世界上最名贵的咖啡、世界上最香甜的菠萝、世界上最时尚的草帽……巴拿马的明星产品也漂洋过海,丰富和滋润了浙江人的日常生活。

2017 年,中巴建交的当年,中巴贸易额达到 66.9 亿美元,其中浙江与巴拿马贸易额达到 15 亿美元,占比近 1/4。2018 年,浙江省与巴拿马的贸易额为 19.7 亿美元,同比增长 31.3%,其中出口额为 19.6 亿美元,同比增长 31.3%。优异成绩的取得和浙江企业积极参加在巴拿马举办的各种展览,推销自己的商品和服务紧密相关。2018 年 3 月 2 日,首届浙江出口商品(巴拿马)交易会暨第 36 届巴拿马国际贸易博览会中国馆开幕,巴拿马总统巴雷拉出席了开幕仪式。该展成为中国第一个由单独省份在巴拿马举办的自办类展会。

2018 年 6 月 14 日,在中巴建交 1 周年之际,中国浙江名品(巴拿马)展览会在巴拿马城隆重开幕。开幕式上,浙江省贸促会与巴拿马农工商会签订合作协议,建立友好合作关系。展会设立标准展位 100 个,展出面积达 2500 平方米。共有 70 家浙江企业参展,涉及机械设备,电子、工具、汽配,以及消费品、工艺品等多个行业。为了和巴拿马以及其他拉丁美洲的贸易合作更加紧密,浙江省还专门组织了专注浙江企业和产品的展会,如浙江出口商品(巴拿马)交易会和中国浙江名品(巴拿马)展览会。巴拿马虽然本国人口不多,国内绝对消费者的数量有限,却是世界上著名的转口贸易集散地,以及联系世界的门户和纽带,展会现场活跃着大量有需求和经验的全球采购商。通过展会这个平台,巴拿马及全世界的商户认识了浙江的商品,浙江厂商也从巴拿马走向全世界。

本章中,我们将通过鲜活而真实的人物,追寻浙江和巴拿马源远流长的交往史,展望浙江和巴拿马历久弥新的故事。

浙商成为中巴友谊的民间外交大使

19世纪中期,中国人开始移民巴拿马,最早的华人基本上来自广东和福建两省,难觅浙籍华侨身影。从20世纪开始,特别是改革开放之后,头脑灵活和嗅觉敏锐的浙江商人发现了巴拿马黄金地理位置的价值,将生意和业务拓展到这个中美洲国家。浙江也成为新时期华人移民的主要来源地,在巴拿马城做生意的华人中,每10个里面就有3个是浙江人。

1927年出生于浙江湖州的章辞修已年至耄耋,他于20世纪60年代移居巴拿马,如今已在这个太平洋彼岸的美丽国度生活了半个世纪之久,现任中美洲中华总会、巴拿马中华总商会永久名誉会长,苏浙同乡会会长,兼任巴中文化中心副董事长、巴拿马科隆自由商港执行董事,是巴拿马乃至整个中美洲华人社会的杰出侨领和社会活动家,在巴拿马主流社会享有极高的知名度,曾经获得巴拿马"杰出公民"荣誉称号和首枚巴拿马国家英雄"维道里安络罗年素勋章"。

祖籍浙江平阳的冯雅迪出生于1950年,现任巴拿马科隆自由贸易区委员会董事、巴拿马温州同乡会主席。20世纪80年代开始在拉美发展业务,筹划展会,宣传中国。1996年,为促进巴拿马与中国的交流合作,冯雅迪出任巴拿马共和国驻中华人民共和国副代表,在位于北京的办事处工作了整整10年,并于1997—2005年兼任巴拿马海事局驻中国特派员。在此期间,他放下了自己的生意,把时间和精力全部放在了促进中巴交流的事业上。有朋友问他,这样做值得吗?他说,值得,当官不应该求发达。10 年间,中国和巴拿马的关系发展迅速,双方在彼此的首都成立了办事处,有了交流和合作的官方平台。2005 年,冯雅迪回到了巴拿马重操旧业打拼生意,凭借之前的深厚积累,他进入巴拿马政界,在 2005—2009 年出任巴拿马科隆市市长顾问。在接受媒体采访时,冯雅迪坦陈:我有一颗中国心,身份的转变,是为了做更多的事情促进两国交流。

巴拿马最早的一批浙商主要来自轻工和纺织行业,之后的合作范围和领域拓展迅速,巴拿马成为浙江出口拉美产品的集散地。巴拿马和中国建交以来,两国百姓的交流互访更加便利,中资企业在路桥、地铁、水务等大型基建领域上收获大量订单,中巴在政治、经贸、文化等各个领域的联系愈来愈紧密。杭州都汇汽车配件有限公司负责人金建斌有多年在南美拓展业务的经历,第一次到巴拿马是为了参加在那里举行的汽车摩托车配件展览会,巴拿马的社会治安、商业环境给他留下了深刻印象,这位浙江商人对其在巴拿马的首次体验评价颇高:"巴拿马对于浙商、杭企来说,可能是下一个迪拜。"

为了深入了解如今活跃在巴拿马的浙江商人这个群体,本书作者采访了巴拿马浙江企业商会会长黄玉靖、浙江嘉诺会展有限公司董事长兼 CEO 程伟、巴拿马中国贸易促进中心负责人王祎,听他们讲述了与巴拿马结缘的精彩人生故事。

黄玉靖:从渔夫到巴拿马侨领的人生故事

2017 年 6 月 13 日,《中华人民共和国和巴拿马共和国关于建立外交关系的联合公报》在北京正式签署。两国正式建立大使级外交关系不久,浙江省温岭市与巴拿马中部科克莱省签订了建立国际友好交流城市意向书,双方政府通过友好协商达成了建立国际友好城市关系的意愿,根据平等互利的原则,保持经常性联系,推进在经济、贸易、文化、旅游等方面的交流与合作。8 月 22 日,巴拿马科克莱省省长苏戈伊迪·弗洛瑞斯(Sugeidy Flores)发来热情洋溢的问候信:"我谨向您表达来自兄弟城市巴拿马科克莱省的亲切问候。"温岭和科克莱友谊的结成,最早就是通过温岭籍侨商黄玉靖的牵线。黄玉靖在巴拿马打拼发展之余,通过参加社会活动和公益事业获得了当地社会的高度评价和认可,是中巴关系不可或缺的"民间外交大使"。2018 年 9 月 12 日,在巴拿马科克莱省纪念建省 163 周年庆典大会上,黄玉靖成为历史上首次荣获科克莱省特别荣誉勋章的外籍人士,这是对他在推动中巴经贸领域和文化交流等方面所做出贡献的最好认可。

黄玉靖出生在浙江省温岭市石塘镇大黄泥村,靠山吃山靠水吃水,在海边长大的孩子有着对大海天然的依恋和敬畏,15 岁时还是少年的黄玉靖就随着家乡的渔船出海捕鱼,虽然辛苦,但是踏实。如今谈起人生过山车般的境遇和经历,他坦陈世事的难料,也感喟缘分的微妙:"巴拿马的风景和我家乡十分相像,饮食上也能适应,海鲜又多又好!"

38 岁远走巴拿马

时间的指针调回到 2005 年,黄玉靖年近不惑,打鱼为生虽然辛苦,但是家庭幸福。风浪里拼搏练就了他的能力和意志,加上从小性格忠厚开朗、敢想能干,深受乡亲们的信任和拥护,1992 年就被选为大黄泥村村委会主任。不出海的日子里,他精心料理自己的小家和村集体的诸多事宜,忙碌而充实。平静的生活被一个不期而至的邀约打破:一位温岭本地、经营鞋厂的亲戚,多年来一直在谋划着将自家的商品和其他物美价优的浙江小商品打包推销到海外,当时尚未与中国建交但是地理位置极为重要的巴拿马成为首选之地。他邀请黄玉靖一起去开发巴拿马市场，待站稳脚跟后，由黄玉靖管理公司在巴拿马的代表处。

"虽说都是出海，但之前是打鱼，现在是去经商，可以说我是一点儿基础都没有。"环境陌生、缺乏经验、语言不通、没有熟人……然而办法总比问题多，不服输的黄玉靖没有犹豫，欣然接受挑战，他和这位亲戚收拾好简单的行李就去了遥远的巴拿马。

中国和巴拿马彼时没有直达航班，两人辗转了一天一夜才到达距离他们最终目的地——科隆自贸区有 85 千米的巴拿马城。这个被誉为"中美洲明珠"的巴拿马首都和家乡的唯一连接就是城市边缘的太平洋海水，两个初来乍到的浙江商人就如同水滴般淹没在异国他乡的繁华之中。"我们刚到巴拿马，语言不通，我亲戚只能简单地说几句英语。没办法只好在巴拿马城的酒店里住了一个月，了解环境。"他乡虽然没有遇到故知，但很幸运地碰到了巴拿马本地的华人，这才知道科隆自贸区是在巴拿马地峡的另一端，从巴拿马城开车过去最少也要一个小时。两人马不停蹄，来到了自贸区所在的科隆市。

看店面、租仓库、办执照、开账户、接货物……有了之前在巴拿马城得到同胞襄助的经历，来到科隆之后黄玉靖见到华人就主动请教，不论是祖辈生活在巴拿马的老华侨，还是新近移民的侨胞，都给黄玉靖宝贵的意见和帮助。在华人的帮助下，也得益于科隆自贸区便利灵活的政策，贸易公司终于挂牌营业。公司标牌立起来之后，同在自贸区的华人老板们纷纷前来，交流之后发现，有四五家企业都是温岭籍浙商开办的。

40 岁立稳巴拿马

生意正式开启，按照之前的约定，黄玉靖留在巴拿马负责海外的经营,独当一面,其他人陆续回国。"我们一开始乱押宝,除了鞋子,还做服装、五金、机电……"本来是觉得东方不亮西方亮,可是在实际操作中却是举步维艰。科隆自贸区是展示和仓储一体化的经营模式,商户大多是专业化经营,一个店面只售卖一种产品,自贸区划分出不同的区域,将经营同一类别产品的商户集中在一起,形成规模效应。产品多元,定位不清,初来乍到也没有客户资源和声誉口碑,公司成立的最初两年一直亏损。由于彼时中国和巴拿马并没有建交,国人申请巴拿马签证、入境、居留等各项手续异常复杂,在经营中也容易受到当地人的刁难和算计。

撑过了 2005 和 2006 两年,在与国内合伙人协商后,黄玉靖决定从 2017 年上半年开始清理在巴拿马的库存,撤回国内寻找别的机会。然而,没有料想到转机在此刻姗姗来迟。"降价处理存货之际,闻讯前来的哥伦比亚客人看中了我们的优势产品——鞋子的款式和超高性价比,当即下了 3 个集装箱的订单,产品价值 24 万美元,使公司一举扭亏为盈。"

这单生意谈成了,改善的不仅是公司的财务状况,更为重要的是使黄玉靖真正摸清了巴拿马市场的门道儿。科隆自贸区虽然位于巴拿马,但是因为巴拿马人口不多,消费能力有限,想要在自贸区立足,需要将眼光投向巴拿马周边国家,甚至是整个拉丁美洲的市场。"哥伦比亚与巴拿马接壤,是区域内大国,之前我们定位是小而全,集中开发巴拿马市场。经过思考,我认为应该调整经营思路,转向专而精,立足巴拿马,面向拉美,薄利多销,争取客户,为公司积累资本和口碑,再做发展和规划。"

黄玉靖留了下来,考验也接踵而来。2008 年,已经将经营范围转为鞋子的公司收到了巴拿马当局的罚单:涉嫌仿造名牌的款式,违反了知识产权保护方面的法律规定,货物被查封。痛定思痛,勇于反思的黄玉靖做出了在巴拿马的第二个飞跃性的决定——自主设计,塑造品牌。

2010 年,已经转型的公司收到了自贸区其他商户关于仿冒的控告,黄玉靖这次决定聘请律师抗诉:"对方算准了中国人不会以法律为武器维权。但是我心里非常坚定,我们没有任何问题,一定要打官司,还公司清白。"

45 岁创业巴拿马

2012 年,是巴拿马和拉丁美洲地区经济下滑的一年,在科隆自贸区辐射的主要国家中,委内瑞拉国内政局不稳,货币贬值,经济波动下市场需求走低,商品进口数量锐减;哥伦比亚出台了保护民族经济的诸多政策,国外供货商越来越难以进入……公司之前薄利多销的经营模式难以为继,升级产品质量,提升品牌价值迫在眉睫。

45 岁的黄玉靖在巴拿马成立了太平洋时代有限公司(Pacific era),推出了拥有自主品牌的篮球鞋、足球鞋、休闲鞋等系列产品,其中公司创立首年推出的经典款至今仍然销售稳定,是公司的支柱产品。而足球鞋的开发则是在对拉美市场多年深耕和研析基础之上进行的:"拉美地区足球文化兴盛,温岭乃至全国可以生产足球鞋的厂家并不多,但是看准了市场需求之后,我们跑遍全国寻找供货商和生产商,如今公司的足球鞋也成为名牌产品。"截至目前,黄玉靖公司的产品不仅走进了多米尼加、洪都拉斯、尼加拉瓜、萨尔瓦多等与巴拿马同处中美洲和加勒比海地区的国家,还销至哥伦比亚、智利、阿根廷、巴拉圭等南美洲国家,巴拿马辐射拉美地区的地域优势得到了充分利用。

从模仿到被模仿;一段曲折苦涩的插曲成为黄玉靖事业成

功的佐证。某天,黄玉靖接到了科隆自贸区管理方的电话,反映客户投诉太平洋时代有限公司收款之后未能及时发货,造成了不良影响。黄玉靖一时丈二和尚摸不着头脑,如此严重的违约之事,在他的印象中,从来没有在自己的公司出现过。但他还是及时赶到了自贸区办公室,配合调查。在检查投诉客户发来的证据——订货单据时,细心的黄玉靖发现了问题:虽然文件上公司的名称和公章都与自己的完全一致,但是公司联系电话一栏是一串陌生的电话号码。带着疑问拨通之后,赫然发现原来是一家同在自贸区的印度商户。他们羡慕黄玉靖的商品款式、质量和销路,并设法取得一部分正品摆在自己的店铺内低价推销,接到订单之后自找商家生产。不少来巴拿马自贸区订货的外国客户搞不清楚状况,纷纷下单,印度人接到的订单数量大,生产能力不足,欠货累累,这次终于事情败露。"其实,在彻底搞清楚状况之前就有端倪,因为我们有段时间内接到客户的反馈说鞋子质量出了问题。为了打造自己的品牌,我们之前承诺一箱之中只要有一双鞋有质量问题,我们全部换新。虽然有所怀疑,但我们还是按照之前的约定满足了一部分客户的退换货要求。"

经历过这样的小插曲,黄玉靖坚定了自己在巴拿马立品牌、树标准、重市场、讲信誉的经营策略,在了解当地政治、法律、制度、文化、风俗的基础上,开发产品,塑造企业文化,扭转中国制造、浙江制造的口碑。"我们现在已经和科隆的巴拿马科技大学达成了协议,公司每年接受相关专业的毕业生来实习,免费培训,食宿全免,并且发放一定数额的补贴。"

一生助力中巴情

从最初的对巴拿马知之甚少到如今的巴拿马通——提起巴拿马的政治制度、经济政策、气候人文如数家珍,从最初的西班牙语不识一字到如今的用西班牙语搞定日常生活,从最初的茫然失措、赔本坚持到如今的自信坚定、站稳脚跟,黄玉靖和巴拿马结缘已近15年。"巴拿马和中国我都爱,我都要报答。"

2008年起,黄玉靖和他的公司每年都向巴拿马的慈善组织捐款捐物,当地政府举办的公益活动,只要有可能,他都会参加。谁不说俺家乡好?在巴拿马期间,他一有机会就向巴拿马政商文化等各个领域的主流人士介绍中国和浙江的发展和成就,促成了巴拿马官员、商人等100多人访问中国。"节日是最好的推广时机,端午节的粽子、中秋节的月饼、年三十的饺子……每到中国的传统佳节,我们都邀请当地人士一起庆祝,增强彼此的了解和交流,现在过中国节日,吃中国美食也成了巴拿马人的时尚。"

黄玉靖曾经作为唯一的华人,受邀参加了科隆市市长的就职典礼,还先后获得科隆省、科克莱省的友谊奖,堪称"民间外交大使"。也是在他的牵线搭桥下,2018年3月2日,浙江省商务厅分别与巴拿马科隆省政府签订了《关于加强经贸合作的谅解备忘录》,与科隆自由贸易区签订了《关于开展经贸交流与合作的备忘录》。同时,巴拿马浙江企业商会也宣告成立,黄玉靖当选商会会长。在成立大会上,他坚定承诺,巴拿马浙江企业商会秉承"传承·创新·和天下"的精神,以"服务立会、以商会友"为理念,以"品质浙货、行销天下"为目标,以因势而变的经营观、创新创业的进取心、诚实守信的价值观、报效社会的责任感,在巴拿马和拉丁美洲打造浙江品牌。

黄玉靖是这么说的,也是这么做的。多年漂泊在外,他乐于助人、慷慨热心的性格没有改变,多年来帮助中国企业排忧解难,协助同胞合法维权。"远离祖国,远离家人,时间久了大家都会想家。我因为来巴拿马的时间早,待的时间长,很荣幸地得到大家的信任,我们家成为老乡聚会的根据地。赶上休息日,大家一大早就买好酒菜来到我家,在外打拼的痛苦在饭桌上一说,就不是什么事情了。"如今,生意越做越好,越做越大,他的厨艺也越来越高,猪肉饭、烧鱼面、海鲜这些石塘的家乡菜一道一道端上了巴拿马的餐桌,滋养着和黄玉靖一样的海外游子的胃和心。风景看遍,最美故乡。

程伟：结缘巴拿马 10 年　打造中巴贸易桥梁

　　2017 年 11 月 16 日—23 日,时任巴拿马总统胡安·卡洛斯·巴雷拉开启了中巴建交后的首次访华之旅,结识新朋,叙旧老友,行程满满,收获颇丰。11 月 20 日,巴雷拉总统到访上海,为巴拿马驻上海领事馆揭牌并出席巴拿马旅游节活动,向全球人口数量最多的市场推介巴拿马的旅游资源,总部位于杭州的浙江嘉诺会展有限公司董事长兼 CEO 程伟应邀参加了这场活动。在交流中,巴雷拉总统表达了对嘉诺会展的肯定:"感谢嘉诺发挥自身优势,带领着几百家中国企业到巴拿马开展贸易行动,给双方国家的企业都创造了良好的机会,促进了中国巴拿马之间的经济、贸易、文化等多方面的交流互动。"

　　作为浙江乃至全国知名的会展企业,嘉诺和巴拿马的结缘要追溯到 2010 年。成立于 2005 年的浙江嘉诺会展有限公司最初的出海目的地是迪拜,经过 5 年海外经验的积累,和迪拜在会展业发展上有几分相似的巴拿马市场吸引了程伟的注意,他决定携中国厂商赶赴巴拿马轮胎展,开始了在巴拿马的探索和发展。"嘉诺第一次到访巴拿马,就知道这块土地上一定蕴含着极大的机会,尽管当时签证、过海关等都比较困难,但我们坚定不移地去做中国、巴拿马之间的贸易桥梁,坚信巴拿马会成为下一个迪拜。"

从 2010 年投石问路至今,嘉诺成功组织了拉丁美洲(巴拿马)国际汽配展、拉丁美洲(巴拿马)国际轮胎展、拉丁美洲(巴拿马)国际照明展,拉丁美洲(巴拿马)国际五金展等多个行业展会,总计为巴拿马带去数千名中国展商,促进了中国和包括巴拿马在内的加勒比海和拉丁美洲国家在汽配、照明、五金等多个行业的贸易往来。借助展会的影响力,嘉诺也在巴拿马成立了办事处,并与当地政府机构展开了深入的合作,范围涉及商旅服务、商务考察、展会协办、投资咨询等诸多业务板块。

辐射 2.5 亿人口的会展业蓝海

2005 年,浙江嘉诺会展有限公司在杭州成立,成为国际会展服务行业首批民营企业之一。谈及进入会展行业的初衷,程伟坦诚既有期待也有好奇:"会展在当时并不被大家所了解,但从人类经济发展规律来看,会展行业的生命力是很强的,所以当时就决定可以尝试进入。另外,会展,有一点是最具有诱惑力的,就是可以增强见识,开拓全球视野,这对于一个年轻人来说,是最宝贵的人生财富。"

适宜且有潜力的会展市场有 2 个主要类型:一种是国家或地区本身人口多,市场容量大;另外一种是虽然作为单个国家或地区,人口数量不多,但是因为特殊的地理位置和战略地位,可以辐射到周边国家和地区甚至全世界。第二类的典型有国人之前比较熟悉的中国香港、新加坡、迪拜,而迪拜就是程伟初期带领公司开拓的主要海外市场之一。

2010 年,嘉诺了解到巴拿马轮胎展会的消息,"考虑到迪拜和巴拿马市场的相似性,当年带领几家国内企业出海试水。巴拿马因为特殊的地理位置和战略意义,可以辐射加勒比和拉丁美洲地区 2.5 亿的人口,我们在那里发现了商机,决定长期开发巴拿马的市场"。

当时,中国和巴拿马尚未建立正式外交关系,国人对巴拿马也不太了解,巴拿马对于嘉诺、对于中国企业来说,是一片镶嵌在太平洋和大西洋交汇之处的蓝海,这一方面意味着机会,但另一方面也给出海前往巴拿马寻找机会的先行者带来了困难。

在中巴建交之后双边关系弯道超车进入快行道的今天,程伟回忆中国和巴拿马尚未建立外交关系的时候,带团赴巴拿马参展面对的第一个也是最大的困难就是签证问题。"申请巴拿马签证耗时长,需要 2—3 个月的时间。还有一个选择就是凭美国签证或申根签证,采取'曲线救国'的方式进入巴拿马。即便如此,到了巴拿马通过海关的时候,因为中巴未建立外交关系,展商携带样品、行李又比较多,这时就会遇到海关工作人员的'特别照顾',要花上五六个小时才能办完手续,有时候甚至需要当时中国驻巴拿马贸易发展办事处的工作人员在机场迎接才能顺利入境。"进入巴拿马之后,也会因为是中国人,在境内活动时频频被查护照,有时候会受到故意刁难。在和巴拿马政府联系、对接时,巴拿马的一些部门和官员对于涉华事务的处理也不够积极。

深耕巴拿马 10 年实现业务升级

嘉诺会展在巴拿马开展业务开始是企业的自发行为,在中国和巴拿马建交之后,得益于双边密切而频繁的交流和互动,中巴政府、公司、组织、协会等各个层面的联系更加频繁紧密,嘉诺成为双方沟通的一座桥梁,也获得了很多机会。

在业务发展上,嘉诺会展在巴拿马是从轮胎行业起步的,之后逐渐扩大到汽配、照明、五金等行业,每年带领 200 多家企业赴巴拿马参加各个行业的专业展会。随着对巴拿马市场的熟悉和了解,也为了满足国内客户的需求,嘉诺以会展主业为推手,在巴拿马精进深耕成立分公司,帮助国内企业开拓巴拿马和拉丁美洲的市场,同时开展中国和巴拿马两国之间的经贸文化交流、政策法规咨询、资源信息对接等业务,从单纯的会展服务扩展到综合的商务服务。在巴拿马,嘉诺在出展的四大行业中打造了完备的信息网络,并实现了资源整合,这对于展览行业的公司来说并非易事。

程伟谦逊地将公司在巴拿马的发展和壮大归功于两国之间愈加紧密的关系。"双方正式建立外交关系以后,以上提到的种种困难和挑战迎刃而解,巴拿马各界对中国的态度和方式发生了立竿见影的变化。主流媒体对中国的报道不仅数量明显增多,而且以正面为主;双方政治层面的交流互访频仍,巴拿马政商界主流人士对中国空前重视,当地人对中国的认知不断提升,在马路上看到中国人也友好了很多,经常有当地人面对我们竖起大拇指表示友好。"

中巴会展业学习和互鉴的使者

随着经济全球化程度的日益加深,会展业已发展成为新兴的现代服务贸易型产业,成为衡量一个城市国际化程度和经济发展水平的重要标准之一。20 世纪 80 年代以来,我国会展业从无到有,从小到大,以年均近 20％的速度递增,行业经济效益逐年攀升,场馆建设日臻完善,已成为国民经济的助推器和新亮点。巴拿马因为其特殊而重要的地理位置,一直以来都是拉丁美洲重要的会展业中心,每年在其境内举办的各种展会成为全球商家和采购者专业快捷的交流平台。同时,会展业也是巴拿马的支柱性行业之一,是国民收入的主要来源。

展览,从字面上分析,可直接理解为有"展"、有"览"的活动,即把产品陈列起来让人参观。具体来说,是一种具有一定规模和相对固定日期,以展示组织形象和产品为主要形式,以促成参展商和参观者之间交流洽谈的活动。"展览会三个字分开解读的话，'展'代表展示，展示产品经过精心设计和制作的美感；'览'是浏览，参加展览的观众在现场观赏品鉴产品；'会'是聚会，展览会是一个社交的场所，参展商和观众在展会现场进行交流。"程伟给出了他作为行业资深人士对展览会独特的理解。

在巴拿马市场深耕多年，他坦承在巴拿马同行以及参展的客户和观众身上，感受和学习到了很多。"巴拿马当地的展会虽然规模不大，但是重视设计，艺术性强，空间的布置和展示匠心独运。展商和参观人群性格外向，喜欢体验，在展会上提供食物和饮料，大家聚在一起参与度非常高，参展已经成为当地人的一种常态生活。此外，巴拿马民众热爱学习，展会上的论坛、讲座等活动通常爆满，座无虚席。"

通过和巴拿马展会行业的交流合作，嘉诺10年间也把中国会展从业者的高效和专业带到了巴拿马。程伟认为，中国会展业利用互联网优势，在线上和线下、时间和空间的融合方面要领先于巴拿马。另外，中国因为市场规模较大、行业细分，参加展会的买家也要更加专业一些。

巴拿马的华人华侨数量多，移居历史长，但是早期的华人企业规模不大，行业单一，势单力薄，以单打独斗为主。近年来，随着中巴之间双边关系的发展，越来越多的中国大型企业来到巴拿马寻找机会，有一大批知名企业更是将拉丁美洲总部迁进巴拿马。"嘉诺会展多次组织国内各个行业的龙头企业到巴拿马参展交流，拓展业务，改变提升了巴拿马人对中国人、中国企业和中国制造的印象，中国品牌的口碑和知名度在巴拿马越来越好，越来越吸引人。"

作为会展业的资深专家，程伟对计划进入巴拿马和拉丁美洲的浙江商家提出了十分中肯的建议：巴拿马国家不大，信息相对公开透明，中国企业在进入之前，一定要到当地考察和调研，了解自己行业的运作模式，一定要深入了解巴拿马市场，不能贸然投入；寻找了解当地市场的合作者、经销商和员工，打造专业和得力的团队；巴拿马及辐射市场重视品牌和知识产权的保护，中国企业进入巴拿马后要做好花费 3—5 年时间打造品牌的准备；积极加入商会或行业组织，依靠专业组织的力量获取行业信息及同行的支持，维持和政府之间的关系；善用巴拿马丰富的华人、华侨资源。

程伟 10 年间访问巴拿马超过 20 次，每次都是因为工作来去匆匆，没有机会做长时间的旅行和游览。程伟印象中的巴拿马交通方便、气候宜人、生活舒适、环境优美、中餐丰富，在治安方面也是拉美最安全的国家之一。巴拿马周边风景优美，一直是美国、加拿大等北美国家的退休人员的养老地。而他对巴拿马印象最深刻的则是巴拿马独一无二的体验感和多元文化：自然环境和城市之间的切换快速自然，既有现代摩登的巴拿马城，又有保存完好的印第安人部落生活地，是一个非常值得一去的国家！

王祎：中巴友谊最好年华的见证者

2018 年 5 月 6 日，祖籍嘉兴，工作和生活在杭州的王祎踏上了人生的一段未知之旅，手中机票的目的地是一个遥远又陌生的名字——巴拿马城，她将出任巴拿马中国贸易促进中心执行总经理。记者出身的她虽然外向泼辣，然而离开服务了十几年、见证她从青涩大学毕业生到干练媒体人的老东家——浙江日报报业集团，前往陌生的国度，在崭新的行业从头开始，任谁也难免有几分紧张和忐忑。"我去巴拿马之前只听说过巴拿马运河和巴拿马博览会。对了,还有那首叫《巴拿马》的神曲。后来才知道,博览会和歌曲都跟巴拿马没啥直接关系。"再回首峥嵘岁月稠,谈笑风生之后王祎认真地说:"我真的是非常幸运地见证和参与了中国和巴拿马关系最好的时期。"

运河和博览会:临行前巴拿马知识的总和

2002年大学毕业之后,王祎进入浙报集团《今日早报》负责房产领域新闻的采写工作,成为一名媒体人。进入新世纪之后,中国飞速发展,日新月异,在改革开放的前沿地带——浙江寻找新闻线索,探访新闻人物,撰写激昂文字,王祎的记者生涯精彩而充实。后来,王祎进入同属浙报集团的浙商杂志社,负责旗下品牌"浙商商学院"的发展和运营。

在推进中国特色社会主义伟大事业和改革开放的伟大实践中,浙江人民创造了发展奇迹,积累了发展经验,是中国发展、中国智慧、中国自信的一个典型样本。而要破解浙江的成功经验,"知行合一、义利并举"的浙商文化和"创新务实、勇立潮头"的浙商精神是一把不可或缺的钥匙。出生于斯,发展于斯,王祎为家乡热土上这批优秀人群而骄傲,也一直在想能为他们做些什么。"浙商商学院的初衷就是为浙商提供紧跟时代、贴近现实的企业家培训课程,同时组织他们赴美国、英国、加拿大、德国、日本、以色列、巴拿马等国游学考察。哪里有商机,哪里有需要,我们就带浙商去哪里。在和浙江优秀商人的朝夕相处中,我学习到很多。"

在王祎带领浙商全世界游学考察的同时,中美洲一个面积不大,但是地理位置至关重要的国家——巴拿马引起了国内各界人士的关注。为了加强巴拿马与中国的贸易往来,促进两国经济共同发展,2015年,巴拿马中国贸易促进中心在杭州成立,旨在建成中巴合作的商务促进机构和资源整合平台。中心的主要业务内容是向巴拿马及拉丁美洲地区"走出去"的中国企业提供商务考察、展会活动、公司注册、投资促进、政策咨询等境外配套服务,同时配合中国各地政府对外招商工作的开展,从事针对巴拿马及拉丁美洲地区"请进来"的贸易促进工作。

2017 年中巴建交后,两国的交流和互动规模空前,中心的业务也达到了顶峰,迫切需要有个得力的掌舵人进驻巴拿马总部,确保承接的多个中巴之间高级别外交互访、商务考察、商业会展项目万无一失。2018 年,巴拿马中国贸易促进中心向王祎伸出了橄榄枝,邀请她加盟,赶赴中心巴拿马总部坐镇指挥。"去巴拿马之前对这个国家了解得不多,西班牙语也不会说。"性格乐观、敢于冒险的王祎接受了挑战,挥别家人,独自上路。

咖啡和海鲜:抵达后巴拿马生活的底色

咖啡和海鲜,两款巴拿马的特色食物可以大体概括王祎在异国他乡的生活。

咖啡有一个得到科学研究确认的特殊功效——提神,这款巴拿马"国饮"由此成为工作狂王祎的最爱。"去巴拿马之前,我咖啡喝得并不多。到了巴拿马之后,工作多,任务重,咖啡成了抗疲劳的功能性饮料,每天最多能喝个十几杯。当然也是因为巴拿马的咖啡味道确实好。"

从杭州到巴拿马城,没有时间熟悉环境、安置生活,王祎立即投入工作之中——拜访巴拿马政商界人士,了解中巴双方客户的需求,确认行程规划中的细节……"我在巴拿马还是按着国内工作狂的模式生活,再加上中国和巴拿马之间有 13 小时的时差,必须和国内对接的工作要等到中国的工作时间才能进行,每天不知不觉间就在办公室工作到深夜,公司的保安下班时间到了,不知道还有人在办公室,直接就把车门锁上,我都得自己想办法破门取车。"

位于巴拿马城老城区北部的海鲜市场（Mercado de Mariscos）是在日本的援助下修建而成的,建筑风格独特,很好辨认,王祎是这家海鲜市场的常客。优质鲜美的海鲜,是她对巴拿马最为深刻的记忆之一。工作专业、认真的王祎也做得一手好菜。"巴拿马蔬菜种类少,国内常吃的蔬菜更是又贵又不好买到。自己下厨做饭的话,海鲜是最好的选择。"

"接待中国访问团的时候大家都不敢相信我才来巴拿马几个月的时间,都认为我是在巴拿马生活15年以上的老华侨。"适应能力超强,到巴拿马第三天就敢开车出行的王祎坦言,能够在巴拿马迅速进入工作状态,离不开大使馆和当地华人华侨的帮助。她不仅和以章辞修老先生为代表的老一辈侨领关系融洽,成为忘年交,还和新近移民巴拿马的华人来往密切,"海外的中国人真的非常团结,现在的交流也更加便捷方便,我们之间通过微信群联系特别多"。

为了感谢在异国他乡收获的真情和友谊,王祎经常在家里准备海鲜家宴款待宾朋。"我每个星期都要去海鲜市场大采购,亲自下厨招待朋友,我们家是巴拿马城华人圈的知名厨房。"

中巴关系蜜月期的见证者

王祎在巴拿马的具体工作主要包括商务考察、会展协办、商旅服务、投资咨询等4个方面的内容,接待、组织、参与了中国和巴拿马建交之后多个外事访问和大型展会活动,她凭借专业和高效,成功完成了多个时间紧、任务急的项目和工作。谈及在巴拿马的第一年生活,让她最为难忘的就是见证了习近平主席的首次访问巴拿马之旅。"我在巴拿马收到的最宝贵的一份礼物就是在参观巴拿马《星报》时,收到了发表习主席访问巴拿马前署名文章的那期报纸。自己能为飞速发展、弯道超车的中巴关系添砖加瓦,感觉特别荣幸!"

2019 年,是王祎在巴拿马的第二个年头,工作更忙了。"2019 年内,我在中国和巴拿马来回往返了 8 次,向国内介绍巴拿马,带访问团来巴拿马考察和参展。"同时,她也对自己的家庭生活有了新的安排——2019 年 3 月,王祎带着丈夫和 2 个孩子,一家 4 口坐上了飞往巴拿马的航班,"我们 4 个人带了 9 个箱子,打算在巴拿马定居,2 个孩子在巴拿马读书"。

经过半年的适应和调整,为了孩子长远的教育问题着想,更是为了照顾年事已高的父母,2019 年 9 月,王祎一家重新回到了杭州,她和巴拿马的缘分并没有结束,她说:"我会一直从事中国和巴拿马交流方面的工作。"

巴拿马名产走进浙江

中巴建交之后,巴拿马官方确定了本国的肉类、海鲜、奶制品、水果等26类优势产品作为对华出口的重点推介商品,力求抢占全世界消费者数量最多的市场,征服中国人的味蕾,走进中国人的生活。以巴拿马的明星出口产品牛肉为例,2019年7月5日,首批巴拿马输华牛肉运抵上海青浦海关西郊国际查验场站开箱查验。海关关员在完成核对箱封、掏箱、验标验货等一系列标准动作后,现场抽取样品,第一时间送样至上海海关食品中心西郊分中心,进行农兽药残留及重金属等项目检测。食品中心西郊分中心第一时间安排工作人员,在48小时内完成检测,经判定结果合格后,对该批货物实施放行。据巴拿马星报网站12月21日报道,巴拿马出口商协会(APEX)数据显示,2019年前10个月牛肉出口上涨34.8%,创下历史同期最高增幅。巴拿马出口商协会会长胡拉多指出,这主要得益于中国市场的增长。2019年前10个月,巴拿马出口牛肉总值2240万美元,同比增加580万美元,主要出口至中国、萨尔瓦多、牙买加、危地马拉、特多、日本、巴哈马、新加坡、尼加拉瓜等地。

浙江作为对外贸易和国际航运的中心之一,是巴拿马的名优特产最早登陆的地区:香甜多汁的巴拿马菠萝刚刚上市就变成了水果迷的新宠,质量上乘的巴拿马牛肉摆上了普通人家的餐桌,历史悠久的巴拿马草帽则征服了时尚的都市男女。更为难能可贵的是,产自巴拿马的世界上最为名贵的咖啡——瑰夏

(Geisha)成为杭州精品咖啡馆的镇店之宝,征服了挑剔的杭城咖啡爱好者,更有眼光独到的浙江人走入巴拿马最传统的咖啡产区,管理咖啡种植园,为国人从原产地培育和送回最好的咖啡豆。

世界上最甜菠萝漂洋过海入华

巴拿马靠近赤道,日照充足,降雨量足,在地峡肥沃土壤的滋养下,产自巴拿马的菠萝含糖量高,口感爽嫩,外观顺滑金黄,果味清甜悠长,被誉为"世界上最香甜的菠萝",出口量一直以来仅次于香蕉,是巴拿马的第二大出口产品,畅销全球。一直以来,距离巴拿马遥远的欧洲大陆是巴拿马菠萝的主要市场,占出口总量的70%。巴拿马国内的西巴拿马省、奇里基省及科克莱省是该国主要菠萝产区。这几个地区在菠萝的培育、种植和采摘的各个环节中技术过关和产量稳定,又因为有多年海外出口的经验,在长途海外运输过程中保持果品的外观和口感等方面经验丰富,是理想的水果采购集中地。

巴拿马菠萝的首次正式访华之旅发生在 2018 年,规格颇高,得到了时任总统巴雷拉的亲自推荐和护航。2018 年 11 月5 日—10 日,由中华人民共和国商务部、上海市人民政府主办的第一届中国国际进口博览会在国家会展中心(上海)举行。博览会以坚定支持贸易自由化和经济全球化、主动向世界开放市场为宗旨,是世界上第一个以进口为主题的大型国家级展会。该博览会吸引了 58 个"一带一路"沿线国家的超过 1000多家企业参展,占参展企业总数将近 1/3,参展面积达到 4.5 万平方米,占企业展总展览面积 16.5%,展品涵盖了农产品、日用消费品、服装等多个门类。巴拿马参展团队在总统巴雷拉的带领下抵达上海。菠萝作为国宝级水果,是巴拿马团队重点推荐的特产。巴国水果商带来了当年收获的品质最好的样果,在博览会上当场去皮切块,热情地邀请民众品尝,不少国内消费者都是第一次品尝到巴拿马菠萝的滋味。要知道这场在上海的巴拿马菠萝宴是在宾主双方共同努力下才最终促成的,巴拿马菠萝当时尚未获得中国检疫准入许可,无法申请正常的海关通关手续。为了促成这款水果的中国之行,海关总署授权上海海关特许审批,才让它出现在首届中国国际进口博览会的展台上。

贝尔巴·欧德莱克菠萝种植农场是首届中国国际进口博览会参展的 23 家巴拿马企业之一,农场经理弗朗西斯和由总统率领的代表团一同来到上海,她不仅特别挑选了自家品质最好的菠萝让参加博览会的中外客人品尝,而且利用来华的宝贵时机,亲自到上海大街小巷的水果店、超市和批发商店走访调研。在接受记者采访时她信心满满,并透露了向中国推销的市场规划:"在进博会上,采购商和参观者对巴拿马菠萝的喜爱让我看到了中国市场的广阔商机,高品质水果在中国很有市场,这让我们对未来发展充满信心。我们除了计划通过与中国企业合作,把菠萝空运到中国销售外,下一步,我们也希望中国投资者来巴拿马投资菠萝种植,帮助我们扩大生产规模。"

菠萝在中国夺得头彩之后,中巴双方趁热打铁,在 2018 年底正式签署了《中华人民共和国海关总署与巴拿马共和国农业发展部关于巴拿马鲜食菠萝输华植物检疫要求的议定书》。巴拿马菠萝飘香中国国际进口博览会之后,成为巴拿马首个正式获准进入中国市场的水果品种。中巴双方协商一致之后,对出口到中国的菠萝做出严格的规定:从法规上来说,希望向中国出口菠萝的巴拿马种植园在生产过程中必须通过实施良好农业规范(GAP)认证或以其他国际认证体系标准来生产,并采用综合管理系统(MIP)来预防和控制害虫。在上述标准作业下收获的菠萝,在运往中国市场时必须符合中国植物检疫法律法规和安全卫生条例,不能检疫出明令禁止的害虫。在满足中国海关部门的标准和要求之后,巴拿马的菠萝厂家可以获得海关发放的对华出口许可证明,获得相对应的海关代码,手续全备之后才有资格在中国销售菠萝。[①]

另外,在将菠萝从巴拿马发送到中国之前,出口方在加工、包装、贮藏和装运过程中,也须采用统一的加工生产工序和流程:输华的菠萝须经高压氯水清洗、人工挑拣、吹干、分级等程序,以此确保果冠和果实的干净、卫生与安全。为了防止在储存和长途运输过程中菠萝受到有害生物和细菌的污染,果品的外包装也会加以特别设计,确保最终出现在中国市场的巴拿马菠萝既美味又健康。

温岭友好城市科克莱,巴拿马草帽主要原产地

巴拿马草帽原名 Sombrero Pintao,最早为世人熟知要追溯到 19 世纪中后期巴拿马的 2 个世纪工程——跨洋铁路和大运河的施工期间,来自包括中国在内多个国家的工人为了抵挡巴拿马炎热的阳光,佩戴起当地出产的草帽,自此蔚然成风。巴拿马的铁路和运河建成后,控制权一直被美国人牢牢抢在手中,巴拿马草帽也由此传到美国并迅速在好莱坞流行开来,成为 20 世纪早期电影里的热门配饰,频繁出现在世界各地的影院银幕上。巴拿马草帽风靡全球,至今仍然是文化时尚圈的明

---

① 最早获得向中国出口和销售菠萝的巴拿马公司共有 7 家,分别为 Ananas Trading、Verba Odrec、Primero Cuarenta Group、Cabo Zarzo、Tropical Fruit Company、Dolce Pineapple Corp、Augro Fresh Panama Group。

星产品。

2017 年与浙江省温岭市缔约成为国际友好城市的科克莱省,是巴拿马草帽的诞生地和生产中心。科克莱省居民采用当地植物编织工艺品的历史可追溯到 18 世纪,用来制作草帽的主要原材料是芦苇、橡子或皮塔,这些原料被混合制作成柔软又坚韧的天然纤维。染色用的则是本土生产的植物赤丝纳(Chisná),将这种植物的叶子与天然纤维混合在一起煮沸,按照预期想要呈现的染色深浅和纹饰效果,灵活调整赤丝纳叶的数量和混煮时间。原料准备停当之后,帽子的主体制作主要分3 道工序:设计打样、制作帽体、制作帽檐。手工制作一顶质量上乘、颜色出挑的草帽需要一周至几个月不等的时间,最多的时候可能需要六七名匠人分工合作才能完成。

判断草帽的质量是否上乘有一个简单直观的办法,数算帽体上有多少个编织圈即可。最普通的帽子只有 15 圈,最好的则可以编 24 圈以上,帽子的售价也在 150—500 美元之间游动。巴拿马不同地区和厂家生产的草帽存在细微的差别。最初也是最普通的是通体白色的帽子。因为材质好,帽身可以轻松对折,直至变成一块手帕大小的方块,不戴时可以装进口袋和书包,需要时展开戴上,帽子上没有任何折痕和损坏。如今巴拿马草帽外观上越来越吸引眼球,帽体上出现了由赤丝纳挑染的黑色实线、彩色线条、几何条纹,以及动植物的图案,不管外表再花哨,遵循的依然是纯手工制作的传统。

2017 年,联合国教科文组织将巴拿马草帽列入巴拿马人类非物质文化遗产名录:"制作 Pintao 草帽的程序和工艺代代相传,巴拿马工匠从种植作物开始,到原材料的产生、编织纤维,最后将其做成 Sombrero Pintao,不仅促进了整个社会的和谐,更鼓励了制帽者、种植人员以及与其相关的各行各业。"

巴拿马草帽的佩戴方法和使用范围也一直在变化:最早作为男性工人、农民劳作时遮阳工具的草帽,后来慢慢成为当地人在舞会、派对以及日常生活中,彰显个人身份和风格的配饰。在佩戴中,帽檐位置的摆放方式是表达主人感受和心情的密码,前、后帽檐如果同时上翘,就表示戴帽人事业有成、心满意足的幸福感。

巴拿马国宝咖啡杭州飘香

清朝末年,咖啡豆开始进入中国,文人的诗书里始见饮用咖啡的记录。浙江开风气之先,是全国最早消费这种味道奇特的洋饮料的地域之一。祖籍浙北名城嘉兴的朱文炳曾在诗作《海上竹枝词》中记述了 19 和 20 世纪之交的请客风俗,其中特别提到了咖啡的功用:"大菜先来一味汤,中间看馔难叙详。补丁代饭休嫌少,吃过咖啡即散场。"1886 年,中国第一家咖啡馆——虹口咖啡馆在上海租界内开业,客人主要为在沪的外国人。20 世纪 20 年代之后,上海城区内开始出现大众咖啡馆,以鲁迅为代表的在沪进步人士笔下就多次出现在咖啡馆会客的行程记录。1937 年,我国最早进口生咖啡豆自主加工的咖啡烘焙厂——德胜咖啡行在上海投产,开始向国内市场供应旗下的CPC 牌咖啡,中国人由此有了自己的咖啡品牌。

咖啡真正走入寻常百姓家的历史并不长。"味道好极了!"20 世纪 90 年代,一款速溶咖啡广告开始在中国电视台循环播放,之前不为绝大多数国人所熟悉的饮料香气飘遍大江南北,咖啡渐渐成为国人的居家饮品之一。90 年代末期,连锁咖啡品牌上岛、星巴克开始在主要城市广设门店。与此同时,定位特色鲜明的城市小众咖啡馆也如雨后春笋般出现。2015 年市场调研显示,目前国内的速溶咖啡、即饮咖啡和现磨咖啡的市场占有率分别为 71.8％、18.1％和 10.1％。物美价廉的速溶咖啡的主宰地位虽然仍不可动摇,然而对咖啡豆品质要求极高的现磨咖啡越来越受消费者,特别是年轻人的欢迎,销量涨幅明显。巴拿马作为世界高端咖啡豆的主要出口国,为国内咖啡界从业者和消费者所熟悉。产自巴拿马火山区的瑰夏咖啡豆更是变成衡量咖啡馆档次的标志之一,有了"无瑰夏非精品"的业内共识。

瑰夏咖啡是怎样横空出世的

巴拿马国内共有四大咖啡产区:博克特区(Boquete),量多质精,是巴拿马咖啡产量最大、品质最高的地区;火山区(Volcan),因土壤气候特殊,出产的咖啡温和均衡,特色突出,既有传统的铁比卡、波旁等古老品种,也有相对较新的卡杜拉、卡杜阿伊、瑰夏等咖啡树种;圣塔克拉拉区(Santa Clara)*,咖啡种植园受产区内可瑞拉(Chorrera)瀑布和巴拿马运河的水源灌溉,产量高,口味纯正;甘德拉区(Piedra de Candela),种植高品质特级咖啡的潜力巨大。

巴拿马咖啡产销一体化程度较高,生产和出口的咖啡豆可以追踪到种植和加工一体的庄园,在保证售后服务的同时,也让咖啡种植园主可以及时获取中间商和消费者的反馈,调整产品的质量和口味,开发新的品种。目前,巴拿马全国约有 3700家咖啡种植商,咖啡豆年总产量约 20 万袋,每袋约 46 公斤,在产量上远逊于巴西、哥伦比亚、洪都拉斯等世界主要咖啡出口国,但因为在咖啡品评赛上屡屡斩获国际大奖,高端品种咖啡成为巴拿马的主要出口物之一,年收入占国民生产总值 0.4％左右。论及咖啡的引种和产量,19 世纪末至 20 世纪初年间,台湾和云南成了中国最早引种咖啡树的地区,如今云南的咖啡产量颇为可观,2015 年已经突破 10 万吨,超过了巴拿马的产量。

巴拿马西部奇里基省的博克特区是著名的咖啡产区,平均海拔在 800 米以上,山峦起伏、河流清澈、雨林茂盛,常年可见山雨朦胧的景象,地层中丰富的火山灰则是植物生长营养最丰富独特的养料,优良而独特的土壤和气候条件培育了多款享誉世界的咖啡豆品牌,是瑰夏咖啡豆离开其远在非洲大陆的故乡之后,在美洲最早的种植地区。

瑰夏咖啡是非洲埃塞俄比亚土生土长的咖啡品种,源自埃塞俄比亚西南部与苏丹接壤的边陲地带——瑰夏山地区(Geisha Mountain),那里人烟稀少,平均海拔在 1700—2100 米。因 Geisha 在西班牙语中有"艺伎"的含义,传入中国之后,瑰夏咖啡也被称为"艺伎咖啡"。这一品种属阿拉比卡树种,根系稀疏,娇嫩脆弱,产量不高,咖啡树播种之后需要 6 年左右才能成熟结果。瑰夏咖啡豆外观瘦长,成熟后为红色。瑰夏咖啡冲泡之后柑橘香浓郁,同时还兼有茉莉花、杏仁、杧果和其他花蜜的甜香,味道明快清爽,果酸流转变化,有类似茶般的醇厚口感。不管是豆相还是香气,瑰夏咖啡都和传统的美洲咖啡不同,是典型的非洲埃塞俄比亚传统品种。可能是非洲咖啡产品优良,品种太过繁多,娇弱低产的瑰夏咖啡在埃塞俄比亚一直没有得到专业人士的欣赏,甚至因为外表和口味上的与众不同而受到轻视,因为专业人员发现了其抗叶锈病的特色,杂交后可帮助其他品种抵御病害才没有彻底弃种。20 世纪 30 年代,瑰夏咖啡被请下母山,先后被肯尼亚、坦桑尼亚等非洲国家引种。1953 年,中美洲咖啡重镇哥斯达黎加跨洋迎来瑰夏咖啡。20 世纪 60 年代,哥斯达黎加热带农业研究和高等教育中心(CATIE)在巴拿马推广其主持的合作项目,彼时研究人员将包括瑰夏在内的多款咖啡豆种带到了巴拿马,巴拿马的咖啡种植园主开始在距离哥斯达黎加不到 100 千米的火山区试种这个祖籍非洲的小众品种。然而多年间巴拿马的咖啡园主并没有发现瑰夏咖啡豆的卓越品质，甚至没有留意到它的存在，瑰夏咖啡的横空出世直至征服世界是咖啡界一段广为流传的家族轶事。

1964年，美国银行家鲁道夫·彼得森（Rudolph A. Peterson）来到巴拿马，收购了地峡最高峰巴鲁火山脚下的翡翠庄园（Hacienda La Esmeralda）。在彼得森家族几代人的经营下，庄园逐步引进巴拿马本土咖啡树种，到20世纪90年代成为该地区乃至全国主要的集咖啡种植、加工、出口为一体的家族企业。1996年，彼得森家族扩大经营规模，收购了翡翠庄园附近的贾拉蜜幽（Jaramillo）咖啡种植园。之后，在其加工生产的咖啡成品中出现了一种新颖而独特的柑橘味果香。在彼得森第三代成员丹尼尔（Daniel）的建议下，家族咖啡加工厂对旗下2座庄园的不同咖啡豆分别进行杯测，追根溯源那款高贵稀有的口味究竟来自哪一树种。最后锁定了贾拉蜜幽庄园海拔1600米最高点边缘地带上种植的防风林。虽然这些咖啡树产量不高，但是和其他成品豆混合加工后，带来了惊艳的香气。彼得森家族于是将尚不知品种的咖啡树上的果实独立加工，送到巴拿马最佳咖啡的年度评选会上，成功征服了评委和专家，获得多项大奖：在国内，2004—2007年蝉联巴拿马精品咖啡协会举办的"巴拿马最佳咖啡"（Best of Panamá）竞赛冠军；在国际上，连续摘下2005—2007年"美国精品咖啡协会杯测赛"（SCAA Cupping Pavilion）桂冠，2004、2005和2007年"雨林联盟咖啡品质杯测赛"（Rainforest Alliance Cupping for Quality）的冠军，并在2007年美国精品咖啡协会主办的"烘焙者协会杯测赛"（Roasters Guild Cupping Pavilion Competition）上获得"世界最佳咖啡"的称号。

　　咖啡的品评是一项专业度非常高的工作,咖啡豆成熟之后不能直接参赛,先要经过加工处理。目前巴拿马的咖啡种植者采用 2 种加工方式:传统的日晒加工——手工去除杂质后在棚架上覆盖塑料布晾晒 18—30 天;在速度上占有优势的水洗加工咖啡豆的方式——先用机器去除果肉,浸泡表面留有残余的咖啡豆后水洗,再采取阴干和日晒的方式使其干燥,处理过程持续 12—19 天左右。评审委员会考察咖啡的酸度、香味、外表、味道、甜度、余味、均匀度、洁净度等多个指标,对加入热水前后的参评品种从 1—9 分进行打分,分数越高品质也就越优秀。经专家鉴定,获奖无数的彼得森家族庄园内的咖啡树正是原产埃塞俄比亚,不被业内人士看好的瑰夏。农林果树领域的学者研究表明,瑰夏咖啡于 20 世纪 60 年代被巴拿马咖啡种植园主引进试种后,经过多年培育,这款来自非洲的咖啡树适应了巴拿马的水土和环境,也战胜了当地病虫害的侵袭。巴拿马巴鲁火山地区矿物质丰富的土壤环境、雨季和旱季交错的微气候、超过 3 万毫米的年降水量、多样化的植被分布等自然条件特别适宜瑰夏咖啡树的生长,甚至激发和强化了其特有的口味。又因巴拿马该品种咖啡种植的面积仅有 1000 公顷,适合其栽培和成长的地域有限,年产量仅在 50 万公斤左右,所以瑰夏咖啡在全球的市场价格一路走高,成为高档咖啡的代表。在巴拿马特种咖啡协会举行的网上拍卖中,瑰夏咖啡入市首年(2004 年)每磅为 21 美元,到 2010 年就飙升到 170 美元,2013年则卖到每磅 350.25 美元。变成全球最昂贵的咖啡之后,瑰夏咖啡价格继续走高,2017 年每磅售价高达 603 美元,2018 年创下每磅 803 美元的新纪录,2019 年首次突破 1000 美元大关,每磅拍出 1003 美元的历史最高价。因为口味柔和独特,日本、中国等亚洲国家都是这种咖啡的主要出口国。

瑰夏咖啡是怎样引进中国的

瑰夏咖啡进入浙江的具体年份难以考证,从 2015 年左右,杭州的一些精品咖啡馆陆续推出了这款咖啡界的精品。瑰夏咖啡得到大众的认可和关注,关键在于其自身口味的独特性和体验感。杭州的咖啡消费者也是瑰夏咖啡的推广者,慢慢地城市咖啡馆里询问的客人越来越多,原本不知道、不了解这款巴拿马咖啡的经营者也不得不去补课。走访杭州最早售卖瑰夏咖啡的咖啡馆后得知,不管是连锁店还是本地馆,所需要的咖啡豆一般都是通过该品牌咖啡豆的国内总代理商来购买。业内人士总结了杭州咖啡进口的演变历程:一开始主要购买的是熟豆甚至是咖啡粉,现在以采购生豆为主,自己烘焙和研磨,能进一步控制成本。

随着市场需求越来越大,为了减少中间环节控制成本,同时保证在口味和品质上有更多的参与度和控制权,杭州的咖啡经营者开始联合国内其他咖啡馆和经销商,走出国门,一起参与巴拿马各咖啡庄园的年度拍卖会,走进咖啡种植的田间地头,直接谈判议价。"咖啡的进口手续相对于其他农产品要简便很多,自己的客人喝到的是自己从产地一手挑选回来的豆子,是非常有成就感的事情。"

瑰夏咖啡在得到国际市场高度肯定和认可,集万千宠爱于一身的同时,质疑之声也从未停歇:是商业炒作还是物有所值?时间似乎给出了明确的回应,瑰夏咖啡的表现——不管是品质还是价格,可以说都渐入佳境。商业嗅觉敏锐,行动力一流的中国商人萌生出收购巴拿马当地种植园,抢占咖啡产业链源头的想法,而杭州淳安的一位"85 后"汪鹏就在这波巴拿马"掏咖热"中获得机会,在巴国最优质的咖啡产地——巴鲁火山区内的一个百年历史种植园种起了瑰夏。

　　汪鹏大学时的专业是英语,从小喜欢大自然、热爱冒险的他毕业之后选择外派的工作,在有"东非十字架"之称的肯尼亚工作了 4 年,也正是在这个世界咖啡主要产地之一的非洲国家,汪鹏开始喜欢上了咖啡。2016 年,他接到了一份外派巴拿马的工作,虽然语言不通,行业陌生,之前的海外工作地非洲和巴拿马所在的拉丁美洲相似和相关度也都不高,但汪鹏毫不犹豫地收拾行囊,再赴远方。肯尼亚和巴拿马,两国共同的主要出口经济作物——咖啡冥冥之中指明了他之后的事业方向。"到巴拿马之后,咖啡喝得确实越来越多,每天不喝一杯就觉得少了些什么。"

　　在巴拿马的第四年,汪鹏从巴拿马的朋友处得知,一家中国公司计划收购巴拿马奇里基省非常知名的一个咖啡种植园,并在寻找管理人员进驻庄园,负责日常的生产和经营。从消费者转变为生产者,进入精品咖啡业这个在中国方兴未艾,但是在巴拿马却已经成熟发达的行业,这个机会让汪鹏动了心:"能在巴拿马做农业和咖啡庄园,符合自己的天赋和性格。在面试之前,我对咖啡这个行业认真考察了一番,做了很多的功课。"

　　汪鹏加盟的卡门种植园位于巴拿马巴鲁火山地区一个叫博尔坎(Volcan,西班牙语"火山"的意思)的小镇上,博尔坎总面积 70 公顷,咖啡树种植面积占 38 公顷,其余的区域覆盖着被巴拿马法律保护的雨林植被。此地海拔在 1800 米左右,年平均降雨量 2500 毫米,气温常年保持在 14—26 摄氏度之间。目前种植园里只有他一个常驻的中国人,和庄园里 20 多名当地的工人一起,"中巴合作,种植质量最好的咖啡豆"。

　　正式变身庄园主之后,努力好学的汪鹏很快就体会到自己在咖啡知识上和当地从业者之间的差距,他开始用功恶补。"种植园的咖啡师是巴拿马长大的瑞士人,一品即知是什么产地的豆子。瑰夏咖啡即使在原产地，质量也是参差不齐的，口味和价格上区别很大，最好的豆子的平均价格比一般的能高3倍。我为了快速了解瑰夏这种特别的咖啡豆，曾经在一天内杯测了周边庄园的20多款豆子，即使每个样品只喝一口，不知不觉中也喝了很多。之后心跳得特别快，太阳穴也在不停地抽动，精神不能集中。现在虽然在瑰夏的故乡工作，但是特别严格地控制自己，咖啡每天喝1杯，最多2杯。"

在巴拿马的天然热带雨林里播种、采摘、烘焙、研磨、品尝举世闻名的咖啡，在很多人的想象中，这是一个悠闲而浪漫的工作，而实际上，这份工作也有难以体察的艰辛。咖啡大多喜阳，日照越强产量越高，而瑰夏由于其品种特性更适合生长在多雨、阴凉、高海拔的环境中，与其他丛林共生，单位面积的产量远低于其他品种。世界范围内，除了巴拿马，很少有国家和地区存在如此理想的地理条件。"咖啡庄园的工作不是把咖啡种下去等着收果实就可以了。我们需要每天去检查咖啡树的状况，生长条件保证之后，要及时施肥，注意是否有真菌感染。咖啡树的叶子容易受真菌感染，果实容易招虫子。瑰夏咖啡的采摘时间跨度大，从前一年的12月一直到第二年的3月份，果实成熟一批就采摘一批。"

咖啡种植园的环境虽然如世外桃源般美好，但是远离家乡，隔绝都市，衣食住行全部需要自给自足，不过汪鹏觉得这些都不是问题："镇上不止我一个中国人，巴拿马华侨多，每个地区都有华人开的超市、商店。做自己喜欢的事情，便不会觉得艰苦和枯燥。"

从卡门咖啡种植园咖啡豆的销售情况，可以一窥瑰夏咖啡豆目前在世界各主要市场的占有率，精品咖啡市场销售最好的是日本和韩国，美国和欧洲也不错，中国才刚刚起步。美国以本土的烘焙工厂为主,日本和韩国的购买者多为咖啡馆经营者,欧洲和中国的情况相似,买家多为专业的咖啡进出口公司,统一购买后再在国内市场推广销售。

瑰夏咖啡是怎样端上柜台的

"这款巴拿马瑰夏咖啡豆来自著名的圣特蕾莎庄园,海拔为 1500—1560 米,采用水洗处理法,浅度烘焙,所以它会有明亮水果和清新花香的风味。您可以先看下咖啡豆,我先进行制作前的准备。"连锁咖啡品牌 COFFii&JOY 的咖啡师小叶边说边从存储台上拿出了一个盛满咖啡豆的透明容器,从中取出 2 粒生豆,用面巾纸包好,送给客人品玩。如今,杭州的多家咖啡馆都有瑰夏咖啡可品尝,价格上虽然各不相同,但一般都是各家门店所有饮品中的翘楚。

1%咖啡馆的小麦每年经手的各种咖啡豆在 10 吨以上,他那位于杭州城南滨江区的咖啡馆面积虽然不大,但是烘焙、研磨、冲泡的专业设备齐全,是杭州为数不多的不仅可以喝到优质手冲咖啡,还能有机会近观咖啡从生豆变成饮品全过程的场所。小麦对瑰夏咖啡豆的感受细微而独特,据他介绍,从视觉上,瑰夏咖啡豆外表比较修长,粒粒饱满;从嗅觉上,瑰夏咖啡豆带有甜鲜的热带水果味道;从触觉上,瑰夏以水洗处理为多,豆体干净细腻,摸上去非常光滑。

资董窝玺咖啡馆位于南宋御街,近年来被国内外各大美食类专业杂志认定为杭州最好的咖啡馆,也是杭城瑰夏咖啡种类和做法选择最多的地方。除了产自巴拿马的瑰夏咖啡豆外,他们也出售埃塞俄比亚、哥斯达黎加等其他国家的同款咖啡。"同样的品种在不同国家种植之后,从外观到口味都非常不同。埃塞俄比亚是瑰夏的原生国,豆子颗粒小,口味上偏白色花朵味道;哥斯达黎加的瑰夏咖啡豆在外观上和巴拿马的更为接近,但是喝起来酸味不强烈,更加干净;巴拿马产的豆子口味确实特别,非常浓烈的深色花朵、热带水果的口味,有一种无以替代的复杂度。"

除了咖啡豆的名称和价格外,资董窝玺咖啡馆还提供了详细的产区、庄园、品种、处理法、海拔和风味等信息。根据他们提供的信息,哥斯达黎加产的瑰夏包含草莓、杏桃、红加仑、玫瑰香气,顺滑干净,余韵悠长。而镇店之宝,产自巴拿马的艾丽达庄园(Elida)的瑰夏则是 2019 年咖啡大赛冠军得主,在海拔1650—2050 米的环境中生长,香气以红色花朵和草莓为主,在风味上混合了草莓、树莓、成熟蓝莓、柑橘、红富士、桑格利亚酒,酸甜平衡度极好。

客人确定了品种和规格后,咖啡师将烘焙好的豆子现场研磨,邀请客人试闻新鲜的咖啡粉味道,之后迅速手冲制作。品尝瑰夏,不仅可以见证瑰夏从豆到粉再到成品形态改变的全过程,而且可以通过触觉、嗅觉和味觉全方位感受咖啡的风味。"瑰夏最大的特点就是它的复杂度,粉的香气和最后咖啡的味道也是非常不同,感觉非常神奇。"杭城咖啡爱好者冬冬是咖啡的铁粉,接触到瑰夏之后,赞不绝口。

然而,在全世界享有知名度的瑰夏在国内,普及度仍有待提高。分析原因,主要还是价格因素。此外,国内咖啡文化尚在形成和发展之中,精品咖啡消费者群体的基数也不大。杭州的咖啡馆通过引进非巴拿马产区的瑰夏咖啡,将瑰夏和其他品种咖啡豆混合等方式,在成本控制上做出了有益的尝试。远在巴拿马的汪鹏也在为实现瑰夏的平民化努力:"我们在做前期的调研和试验,将瑰夏和其他品种的咖啡按不同的比例混合,在保持瑰夏风味的同时,最大限度地降低成本,争取能把瑰夏送上国内超市的货架。与此同时,也会考虑到产品的包装方式,在中国大多数家庭不具备咖啡机、手冲器具的情况下,瑰夏买回家简单处理后就可以品尝到。"

18 岁远行来浙江留学的巴拿马年轻人

根据巴拿马现行教育体制,大多数学生将在 18 周岁完成高中阶段的学习,升入大学。2006 年开始,巴拿马的年轻人高中毕业以后有了一个新的选择——申请中国政府奖学金①,来中国留学。当年 8 月,6 名巴拿马学生首批获得中国政府给予的单方全额奖学金,在中国巴拿马贸易发展办事处举办的送行仪式上,鲍鄂生代表对巴拿马留学生到中国学习表示欢迎,并希望他们能够成为中巴友谊的使者,为推动两国文化的交流,深化两国的友好关系做出贡献。他同时希望巴拿马留学生能够在学习期间更好地认识中国,并把在中国的所见所闻讲述给巴拿马的家人和朋友,使更多的巴拿马人了解中国。

中巴关系驶入快车道之后,双方教育领域的交流也呈现新局面。以 2017 年为例,获得中国政府奖学金的巴拿马高中毕业生只有 6 名,选择的学校集中在北京航空航天大学、北京交通大学、北京第二外国语大学等在京知名学府,所学的专业包括工业工程、交通运输、旅游管理、建筑设计、法学理论和汉语。

---

① 中国政府奖学金,用于资助到中国高校学习或开展科研的非中国籍公民(包括本科生、硕士研究生、博士研究生、普通进修生和高级进修生),资助内容包括学费、生活费、住宿费等。根据中国政府与外国政府或国际组织达成的协议或计划,中国政府奖学金由教育部负责对外提供,并委托国家留学基金管理委员会(China Scholarship Council,简称 CSC)具体负责享受中国政府奖学金来华留学的外国学生的招生及日常事务的管理工作。

2018 年,两国建交之后首批获得中国政府奖学金赴华留学的巴拿马留学生不仅在数量上创下了新纪录——共有 18 名,而且在求学地点和学习专业上比往年有更多的选择。

2018 年 8 月,中国驻巴拿马大使馆举办的中国政府奖学金留学生欢送晚宴上高朋满座,巴拿马外交部对外政策司司长尼科尔·王、教育部国际合作司司长阿巴里西奥、人力资源局局长阿罗塞梅纳等政府官员以及赴华留学生及其家属、政党青年代表、专家学者等共 180 人出席。魏强大使在讲话中表示,在"一带一路"倡议下与国际社会一道努力打造人类命运共同体。为此,中国政府高度重视并积极促进各国民心相通。愿与巴政府一道,大力开展双边教育合作,为巴人才特别是青年人才培养做出贡献。魏强大使衷心祝愿本批 18 名巴拿马赴华留学生学有所成、满意而归,成为中巴互利友好合作的使者。巴拿马外交部对外政策司司长尼科尔·王表示,中巴人文交流源远流长,中巴建交以来更是在政治、经贸、文化等各领域取得丰硕成果,她代表巴拿马政府祝贺获奖留学生,并勉励留学生珍惜在华学习机会,发奋学习,既学好专业知识,也汲取中国特色社会主义发展道路的有用经验,将所学所得贡献给自己祖国的发展建设和巴中友好事业。

在中巴建交之后申请中国政府奖学金来华求学的首批留学生中,有 2 名刚满 18 周岁的巴拿马年轻人选定浙江为求学地。本书作者的笔触记录下了巴拿马中部省份奇里基省女孩 Emaithy——中文名字萨姆迪和巴拿马城男孩 Ricardo——中文名字巴赞 18 岁的经历和心情。

萨姆迪:酷爱奶茶的巴拿马女孩

爱吃番茄炒蛋,嗜喝珍珠奶茶,苦学海洋工程……约定访谈的夏季午后,一辆杭州街头常见的电动自行车停靠在笔者身边,女孩摘下戴着的头盔,一边说着字正腔圆的"你好",一边伸手示意。她坦率地分享自己的故事,丰富而精彩,并与杭州相关。

18 岁出门远行

2018 年,萨姆迪以优异的成绩结束了高中阶段的学习,在考虑未来到底选择哪所大学和什么专业的过程中,偶然得知前一年正式成立的中国驻巴拿马大使馆开始了新一年的中国政府奖学金遴选。"名额比前些年增加了很多,奖学金条件也非常优越,管理和设计很科学。我申请到的奖学金包含一年的汉语学习,通过 HSK① 四级考试以后进入大学,正式开始本科阶段的学习。中国大学的排名和教育质量在巴拿马是非常有名的,对毕业后回巴拿马找工作是非常有帮助的。"

到中国留学吸引力大,可是困难也不少,奖学金的申请第一步是在线填报信息,当即就需要考虑好最终的学校和专业,而彼时的萨姆迪连"你好"都不会讲。硬着头皮开始搜索信息以后她发现,一切不像之前认为的那么难。中国和巴拿马建交之后,在两国之间频繁而富有成果的交往的背景下,巴拿马国内掀起了一股名副其实的中国热,关于这个东方大国的各种资讯和信息也越来越多,通过大使馆的牵线搭桥,她和之前有过中国留学经验的前辈取得了联系。"他们特别叮嘱我,在选择留学城市的时候除了要考虑大学的优劣和排名外,一定要注意所在的城市环境。"

----

① 汉语水平考试(简称 HSK)为测试母语非汉语者(包括外国人、华侨、华裔和中国少数民族考生)的汉语水平而设立的一项国际汉语能力标准化考试。通过 HSK(四级)的考生可以用汉语就较广泛领域的话题进行谈论,比较流利地与汉语为母语者进行交流。

　　萨姆迪年纪不大,但是效率很高,有了选择的标准和方向后,经过细致的斟酌和比较,很快就确定杭州的浙江大学作为留学中国的第一志愿。如今回忆起这个选择背后的原因,萨姆迪记忆犹新:杭州是自然和人文的完美结合,经济发达,绿色宜居,另外城市的宣传和推广做得很好,在国外能很容易获取到详尽的信息,开放、包容、有活力。至于浙江大学,除了学校的国际排名和知名度外,浙江大学的毕业生和在读国际学生遍布全球,他们在博客上分享了在杭州、在浙大度过的人生中最为难忘的一段经历,解答了萨迪姆的种种疑问,也打消了她的诸多犹豫,让她对未来在西子湖畔开始的留学生活充满期待。

　　目标确定下来之后,萨迪姆顺利填写了中国奖学金的在线申请,完成了报名的第一步。"中国奖学金申请的步骤非常严谨和正式,报名之后等待大使馆的通知,需要参加 2 轮的面试,才能选出最后获得奖学金的学生。"忐忑不安中,萨迪姆终于等来了中国大使馆通过初选的通知,并顺利地通过了 2 轮面试。"从我家到面试的巴拿马城开车需要 6 个小时,一路上真的特别紧张。我发现中国的面试官既亲切又专业,面试之前我准备的更多是有关中国,或者为什么去中国学习这样的问题,到了大使馆后跟我交流的问题超出了我之前的设想,面试官非常关心我的家乡,让我结合自己省份的实际情况,谈谈和中国合作的机遇和可能。"2018 年 8 月,萨迪姆接到了中国大使馆的通知,她被第一志愿录取,成为中巴建交之后首批获得中国政府奖学金的巴拿马留学生,先赴同济大学进行为期 1 年的汉语培训,之后按照填报的意向,进入浙江大学港口航道与海洋工程专业开始预期 4 年的本科阶段学习。"中国"成为萨迪姆 18 岁那年名副其实的关键词。

从上海到杭州

　　萨迪姆来到中国的第一站是上海,和来自全世界各个国家的留学生一起学习中文。谈起对上海的最深刻印象,除了高度国际化的城市风貌和气质外,就是安全的秩序:"在中国,晚上甚至是深夜都可以外出随意活动,这对我们巴拿马人真的是不可以想象的。"对之前没有任何汉语基础的萨迪姆来说,学中文是个充满挑战的经历,学校有教学经验丰富的老师和良好的学习环境,她进步快速,2个学期后成功通过了HSK四级考试,还按照培养计划,提前接触了专业汉语的学习。和许多国外中文学习者不一样的是,萨迪姆对汉字的书写非但没有产生畏难情绪,反而饶有兴趣:"我特别喜欢写汉字,别人问我中文名字的时候,有机会我都会写给他们。"

顺利结束在上海的汉语学习后,2019年9月,萨迪姆来到杭州,开始了在浙江大学的学习,成为一名大一新生。萨迪姆之所以选择港口航道与海洋工程专业,也是因为祖国的巴拿马运河举世闻名,在中国顶尖大学进修相关专业,可以为之后回国就业打下更好的基础。

按照浙大的培养计划和教学安排,萨迪姆第一学期就安排了微积分、线性代数、工程训练、C程序、土木工程导论等专业课,也选择了视唱练耳、汉语、中国概况等公选课。"除了一些公共课和中国同学不一样外,专业课都是一样的,大一和大二更是和所有大工科专业学生一起上专业基础课。"萨迪姆说起在浙江大学的学习生涯,坦承压力很大。随着对专业的深入了解,她对学习有了新的规划,这位一直很有主见的小姑娘准备重新选择,申请转学工业设计类专业。

从咖啡到奶茶

在浙江大学的学习紧张而忙碌,孤身在外,远离家乡,有时候甚至会有悲观和痛苦的情绪。"浙大的学习氛围真的是非常浓厚,这里的学生这样地刻苦和用功,也是我在来中国之前没有想到的!"

　　压力大的时候,美食和美景是缓解情绪最易得也是最有效的良药,而在杭州,两者都唾手可得。"学校真的很漂亮,上完课,骑着电动车或者漫步在校园里,一天的劳累就去掉了一半。"西湖的碧水、玉树和她家乡的湖光山色也有那么几分相像,喜欢大自然的她时常流连其中。至于中国的美食,萨迪姆更是热爱至极,如数家珍。"我现在筷子用得特别好。最喜欢的食物啊?那太多了,饺子和麻辣烫是最喜欢的。我是一个特别敢于尝试的人,记得第一次在食堂看到了番茄炒蛋,觉得这两种食物也能配合在一起吗?真的没见过也没想过,买了一尝,特别喜欢。"

　　萨姆迪虽然来自咖啡,尤其是精品咖啡的著名出口国——巴拿马,但是在饮料方面,她和中国的同龄人一样更喜欢奶茶。"我第一次喝到奶茶以后真的是太喜欢了,现在奶茶是我的最爱。"

　　谈到生活的不适应之处,这个来自热带国家的小姑娘对杭州夏季的高温和冬天的湿冷叫苦不迭:"我们巴拿马每年只有 2 个季节——雨季和旱季,年平均温度 25 摄氏度,冬天最冷也就 18 摄氏度。旱季最热的时候,太阳很大,气温虽然很高,但是干燥,晚上温度马上就降下来。杭州夏天蚊子挺多的,特别厉害,我第一年在这里过夏天没有经验,被咬了之后过敏了,来中国之后第一次去了医院。"不过对于杭州冬天的湿冷天气,小姑娘有了入乡随俗的应对办法——喝开水。"我来中国之前都是喝饮料,从来没有喝过什么都不加的白开水。来到杭州之后,冬天冷的时候我也学中国同学,拿一个大杯子装开水,抱着可以暖手,喝下去立刻就热起来了。"

　　萨姆迪适应能力强,又学到了窍门和方法,逐渐适应了杭州的天气,另外一个困扰则没有那么容易克服——中文。虽然汉语已经学习了一年,并且以高分通过了汉语水平考试,但是在专业课学习中,萨姆迪还是感受到了语言上的压力:"专业上的词汇很难,为了能赶上进度,能在课堂上听懂老师讲什么,我会花很多时间进行课前预习。课下借中国的同学笔记,自己再去复习。"

除了2个"真刀实枪"的障碍外,萨迪姆在杭州以及中国各地旅行时,还时常要处理一个"甜蜜的负担"——路人的眼光。"特别是在地铁、公交车这种封闭的空间里,经常会有人盯着我看,一开始我特别不习惯,后来也就理解了。不过当发现有人不经允许偷拍我时,我一般会直接制止他们。"

建言中巴交流

萨迪姆和中国的首次亲密接触是18岁的留学之旅,但是在这之前,在有种族大熔炉之称的祖国巴拿马,她有很多中国同学和中国邻居。"我从幼儿园开始,一直都有中国同学,他们总是班上成绩最好的。中国人开的超市和商店也有很多,可以说在巴拿马,每个小区都有一家中国人开的超市,每个城市都有中餐馆。"通过在巴拿马广泛分布的华人、华侨群体,萨迪姆了解到了中国,让她印象最深刻的是每年春节前后,中国人都会组织热闹的舞狮、庙会等庆祝活动,还会为自己的客户准备福字、日历等各种礼物。"真的毫不夸张,每个巴拿马家庭都有一份用中文印刷的日历,我们也都知道中国最重要的节日——春节是在每年的2月份左右。"至于巴拿马人对中国的印象和看法,萨迪姆注意到了不同年龄的人群之间的差异。"对于我们的父辈来说,中国代表财富、科技、强大,是一个大写的中国。"而对于巴拿马的年轻人来说,得益于互联网时代获取资讯的便利和中巴双边交流的快速推进,他们对中国有了更加全面和深刻的了解。同时，萨迪姆也主动担当起巴拿马推介大使的角色。"我觉得巴拿马对于中国人来说，真的是非常值得一去的地方，它多样性的自然风景和文化，跟中国非常不一样。我们巴拿马人说的是西班牙语，但是有一句西班牙语只有巴拿马人才说，是'你好'的意思——¿Qué xopa? 你们去巴拿马旅游的时候，一定要记得啊！"

巴赞：酷爱淘宝购物的巴拿马男孩

义乌偶遇家乡美食，广东误点水煮牛蛙，最爱淘宝比价购物……和巴赞的采访和交流是通过网络进行的，相隔中国和巴拿马之间 13 小时的时差，他向笔者津津乐道自己在中国的生活，充满了新奇的尝试甚至冒险。

2018 年暑假过后，巴赞和萨迪姆从巴拿马出发，在上海成为同班同学，一起学习汉语，开始留学生活。万事开头难，最难的还是汉语。"我其实特别喜欢学中文，尤其是写汉字，但是因为之前没有基础，刚开始学习的时候，真的很困难。还有因为学校是在上海，我和同学很快发现了一个奇怪的现象，我们在课堂上学到的话，和周围的人说的不一样，后来我们才知道是方言的问题。"

巴赞对中国的第一个印象，是治安非常棒。一天晚上，巴赞应邀和朋友在校外聚会。一不留神，错过了地铁的末班车时间，还不怎么会说中文的巴赞只能靠着模糊的记忆，一路摸索着走回学校。"我凌晨 2 点终于到了学校大门口，但是因为时间太晚了，我又没有带学生证，门卫不让我进。我只好跟流浪汉一样，在学校旁边的广场上睡了一夜。"在公共场合委屈了一晚上，但是没有发生任何危险，这让巴赞非常惊喜。"中国真的太安全了，这在我们国家根本无法想象。"

深深的安全感，让巴赞很快适应了在中国的新生活。性格开朗、喜欢探险的他一有时间和机会，就收拾行囊外出旅行，去了解中国各地的风土人情。"我特别喜欢西班牙语里的一句俗语：中国需要用一辈子的时间去认识。"到不同的地方，巴赞就会尝试不同的美食，既有惊喜也有错愕。谈到惊喜，他记得有一次去义乌旅行，不仅在批发市场和商业中心偶遇和结识了很多讲西班牙语的"老乡"，几个人还找到了一家做正宗拉美国家特色菜的餐馆。"当时在义乌真的太震撼了，觉得那里就是一个小的联合国。"

印象最深刻的一次误会发生在广州。"当时我们几个'老外'去吃火锅，看到菜单上有一个牛字，以为是我们巴拿马最常吃的牛肉，所以就点了一盘。端上来以后我们根本就不知道是什么，问了服务员才知道是牛蛙。这个别说吃了，我之前都没有听说过。不过我们还是吃了，嗯，味道好极了！"说到最喜欢的中国食物，巴赞用中文打出了黄焖鸡的字样，还在之后加了一个流着口水的卡通形象。"永和豆浆我也喜欢，我尤其爱喝豆浆。"

然而，如此热爱中国美食，在中国生活了一年之后，巴赞却发现自己瘦了，他认为这主要是因为中国和巴拿马在饮食文化上的差异。"巴拿马的食物很油腻，种类也偏少，吃饭的时候量也大。而中国食物的种类多，有很多的蔬菜，甚至还有素食自助，因为吃得健康，我在中国期间身体很好，每次回巴拿马都非常想念中国的美食。"

巴赞的家在巴拿马城，是巴拿马国内华人华侨最集中的地方，他的邻居一家就是华人。"我从小就可以看到男主人早上在院子里打太极拳晨练，我在巴拿马认识的中国人都挺和蔼可亲的。"巴赞在学习和生活中也交到了很多在巴拿马生活的华侨朋友,来中国留学之后,每当在巴拿马结识的中国朋友回国探亲,他们都会相约见面,在中国对着华人面孔说着巴拿马特色的西班牙语,"感觉既亲切又神奇"。

作为巴拿马城里出生、长大的年轻一代,巴赞和他的巴拿马同龄人对中国的经济发展和科技进步印象深刻。因为是数码产品的发烧友,他最熟悉的中国品牌是华为。"华为的产品性价比非常高,最近他们又把拉美总部迁到了巴拿马,巴拿马人对这家公司的印象很好。中国的手机品牌在巴拿马发展挺快的,这2年小米和OPPO也开始进入巴拿马。"

来到中国以后,巴赞发现了一家他更喜欢的中国公司——淘宝。和中国的同龄人一样,他绝大多数购物都是在线解决。"在淘宝上能够买到性价比最好的产品,来中国之前我在巴拿马也会使用亚马逊。我现在觉得淘宝比亚马逊好用得多,是最好的线上购物平台。"

对于中国和巴拿马的交流和互动,巴赞从一位在中国学习生活的巴拿马年轻人独特的视角,提出了自己的看法和建议。对于巴拿马来说,巴赞希望中国人能够更多地了解巴拿马的饮食和文化。"巴拿马的旅游资源真的非常丰富,最有名的是巴拿马城,被称作'拉丁美洲的纽约'。我们的海滩、岛屿、雨林等自然风光也非常好,真的很希望中国人有机会来巴拿马旅游。"

作为资深美食爱好者,巴赞希望中国能够利用巴拿马人的开放精神,以及对其他国家文化的好奇心和接受度,以饮食文化为抓手,向巴拿马展示中国深厚的文化底蕴。"对于巴拿马的年轻人来说,非常关注中国的科技发展。我到中国以后,对共享单车、手机支付这些方便快捷的技术印象太深刻了,但是巴拿马人包括年轻人,对中国出现的新技术和新产品了解得还不多,中国可以在这方面多做一些工作。"

参考文献

中文著作

[1] 中华人民共和国海事局. 巴拿马运河航行指南：2018 [M]. 北京：人民交通出版社，2018.

[2] 民国时期文献保护中心，中国社会科学院近代史研究所. 民国文献类编续编：经济卷 [M]. 北京：国家图书馆出版社，2018.

[3] 中国银行股份有限公司. 巴拿马 [M]. 北京：社会科学文献出版社，2016.

[4] 日本走遍全球编辑室. 中美洲：危地马拉、哥斯达黎加、伯利兹、萨尔瓦多、洪都拉斯、尼加拉瓜、巴拿马 [M]. 赵智悦，译. 北京：中国旅游出版社，2019.

[5] 谭坚. 巴拿马华侨 150 年移民史 [M]. 徐光普，译. 台北：秀威资讯科技股份有限公司，2004.

[6] 方生. 巴拿马运河 [M]. 北京：商务印书馆，1964.

[7] Hans M. Jankowski. 巴拿马探秘 [M]. 陈晨，译. 北京：中国水利水电出版社，2004.

[8] 韩怀宗. 世界咖啡学 [M]. 北京：中信出版社，2016.

[9] 李春辉. 拉丁美洲史稿 [M]. 北京：商务印书馆，1983.

[10] 李统鑫. 墨西哥与巴拿马产业发展及商机探索 [M]. 台北：外贸协会，2015.

[11] 李宜龚. 巴拿马太平洋万国博览会要览 [M]. 北京：知识产

权出版社,2016.

[12] 林被甸,董经胜.拉丁美洲史[M].北京:人民出版社,2010.

[13] 毛泽东.全世界人民团结起来打败美国侵略者及其一切走狗[M].北京:商务印书馆,1965.

[14] 赫顿·韦伯斯特.拉丁美洲史[M].夏晓敏,译.北京:华文出版社,2019.

[15] 伊丽莎白·曼恩.巴拿马运河[M].刘洁莹,译.天津:天津教育出版社,2015.

[16] 汤小棣,张凡.尼加拉瓜 巴拿马[M].北京:社会科学文献出版社,2009.

[17] 王明中.巴拿马运河[M].北京:商务印书馆,1975.

[18] 王勇则.图说 1915 巴拿马赛会[M].上海:上海远东出版社,2010.

[19] 易水寒."正义事业"行动[M].北京:世界知识出版社,1997.

[20] 詹姆斯·霍夫曼.世界咖啡地图[M].王琪,等,译.北京:中信出版社,2016.

[21] 余熙.约会巴拿马[M].北京:世界知识出版社,2017.

[22] 余熙.你好,巴拿马[M].北京:世界知识出版社,2017.

硕博论文

[1] 黄江梅.建交后的中国与巴拿马关系探析[D].武汉:华中师范大学,2019.

[2] 李丽瑶.跨越重洋的情感、道义与责任:广州花都巴拿马华侨华人跨国家庭之研究[D].广州:中山大学,2016.

[3] 任志远.巴拿马运河扩建对运河通行费及航运运价影响的研究[D].青岛:中国海洋大学,2016.

［4］吴伟.中国参加巴拿马太平洋万国博览会之研究［D］.武汉:华中师范大学,2012.

［5］向晨.中美洲国家对台"外交"影响因素研究:基于小国主体性视角［D］.上海:复旦大学,2018.

［6］肖佳.美巴《巴拿马运河新约》签订历程研究［D］.北京:中国人民大学,2007.

［7］张莉.1977—1980年美国对巴拿马的外交政策［D］.南昌:江西师范大学,2018.

［8］郭现稳.美国有关归还巴拿马运河的政策与谈判(1969—1977)［D］.上海:华东师范大学,2017.

［9］张敏.1915年旧金山巴拿马、太平洋世界博览会的历史考察［D］.沈阳:辽宁大学,2012.

期刊论文

［1］陈涛涛,金莹,张利,等.巴拿马投资环境与中国企业的响应度和投资策略［J］.国际经济合作,2018(10).

［2］樊伟.埃及与巴拿马——世界著名人工水道国家［J］.中学政史地(高中文综),2019(1).

［3］管彦忠.中国人移居巴拿马的历史进程［J］.拉丁美洲研究,2004(2).

［4］郭艳.中巴建交一周年硕果丰　引中企赴巴兴业热——专访巴拿马工商部部长阿罗塞梅纳［J］.中国对外贸易,2018(7).

［5］洪振强.赴赛巴拿马太平洋万国博览会与"中华民国"之呈现［J］.民国研究,2019(1).

［6］寇佳丽.中巴建交:拉美重地孕育经贸生机［J］.经济,2017(13).

［7］李前,邱源斌.走进巴拿马,进军"新蓝海"［J］.进出口经理

人,2019(6).

[8] 马一.清驻巴拿马中国领署的设置[J].暨南史学,2018(2).

[9] 孟文广,刘函,赵园园,等.巴拿马科隆自贸区的发展历程及启示[J].地理科学,2017(6).

[10] 邱源斌,李前.巴拿马:"下一个迪拜"已经启程[J].进出口经理人,2017(8).

[11] 王鹏.扩建之后的巴拿马运河及其对中国的启示[J].当代世界,2016(11).

[12] 王鹏.巴拿马总统巴雷拉会见王毅[J].世界知识,2017(19).

[13] 汪曙申.巴拿马"断交事件"加剧蔡当局对外关系困境[J].世界知识,2017(13).

[14] 徐春峰,屈春海.清末驻巴拿马总领事馆的设立[J].历史档案,2017(1).

[15] 徐世澄.中国和巴拿马建交是历史的必然[J].友声,2017(4).

[16] 杨发金.走近巴拿马华人(上)[J].侨务工作研究,2006(6).

[17] 杨发金.走近巴拿马华人(中)[J].侨务工作研究,2007(1).

[18] 杨发金.走近巴拿马华人(下)[J].侨务工作研究,2007(2).

[19] 杨建国.卡特政府在《巴拿马运河新条约》上的双重政治博弈(1977—1979)[J].世界历史,2020(2).

[20] 余熙.华人对巴拿马发展的贡献[J].世界知识,2017(14).

[21] 袁灿兴."运河之国"巴拿马的百年风云[J].文史天地,2017(8).

[22] 岳云霞.中巴经贸合作新篇章[J].中国远洋海运,2017
     (7).

[23] 翟晓敏.美国为何归还巴拿马运河——1977 年美巴运河
     条约探析[J].世界历史,2005(4).

[24] 张珊.中国-巴拿马自贸协定谈判进程梳理[J].商场现代
     化,2019(14).

[25] 张一婧,俞菊美.1915 年中国参加巴拿马赛会史料选编
     [J].云南档案,2013(11).

外文资料

[1] ALFREDO CASTILLERO CALVO. La sociedad panameña：
    Historia de su formación e integración[M]. Cuidad de Panamá：
    Comisión de Estudios Interdisciplinarios para el Desarrollo de la
    Nacionalidad, 1970.

[2] ALFREDO CASTILLERO CALVO. La vivienda colonial
    en Panamá：Arquitectura, urbanismo y sociedad；historia
    de un sueño[M]. Ciudad de Panamá：Biblioteca Cultural
    Shell, 1994.

[3] ALFREDO CASTILLERO CALVO. Historia general de
    Panamá[M]. Ciudad de Panamá：Comité Nacional del
    Centenario de la República, Edición Digital Designs
    Group Inc. , 2004.

[4] ALFREDO CASTILLERO CALVO. Sociedad economía y
    cultura material. Historia urbana de Panamá la Vieja
    [M]. Ciudad de Panamá：Patronato de Panamá
    Viejo, 2006.

[5] ALFREDO CASTILLERO CALVO. Panamá：Historia
    contemporánea [M]. Madrid：Fundación Mapfre,

Alfaguara Grupo Editorial, S. L. U. , 2014.

[6] CELESTINO ANDRÉS ARAÚZ, PATRICIA PIZZURNO. El Panamá hispano (1501—1821)[M]. Ciudad de Panamá: Diario La Prensa de Panamá, 1997.

[7] CELESTINO ANDRÉS ARAÚZ, CARLOS MANUEL GASTEAZOROY, ARMANDO MUÑOZ PINZÓN. La historia de Panamá en sus textos: 1501—1903 [M]. Ciudad de Panamá: Editorial Universitaria Carlos Manuel Gastezoro, 1999.

[8] DENISON KITCHEL. The Truth about the Panama Canal[M]. Arlington: House Publishers, 1978.

[9] EDUARDO TEJEIRA DAVIS. Guía de arquitectura y paisaje Panamá[M]. Panamá-Sevilla: Junta de Andalucía, 2007.

[10] FREDERIC J HASKIN. The Panama Canal[M]. Doubleday: Page and Company, 1914.

[11] IVAN MUSICANT. The Banana Wars: A History of United States Military Intervention in Latin America from the Spanish American War to the Invasion of Panama[M]. New York: Macmillan, 1990.

[12] JOHN MAJOR. Prize Possession: The United States and the Panama Canal, 1903—1979 [M]. Cambridge: Cambridge University Press, 1993.

[13] JUAN ÁNGEL LÓPEZ DÍAZ. Panamá:Corazón del imperio español[M]. Córdoba: Editorial Almuzara, 2019.

[14] JUAN B SOSA, ENRIQUE ARCE. Compendio de hisotira de Panamá [M]. Ciudad de Panamá: Litho Impresora de Panamá, S. A. , 1971.

[15] M SERRANOY SANZ. Archivo de Indias y eploraciones del Istmo de Panamá en los años 1527—1534 [M]. Madrid: Junta para Ampliación de Estudios é Investigaciones Científicas, 1911.

[16] MARÍA DEL CARMEN MENA GARCÍA. El oro del Darién. Entradas y cabalgadas en la conquista de Tierra Firme (1509—1526) [M]. Sevilla: Centro de Estudios Andaluces-CSIC, 2011.

[17] MARÍA DEL CARMEN MENA GARCÍA. La sociedad de Panamá en el siglo XVI [M]. Sevilla: Diputación Provincial de Sevilla, 1984.

[18] MARIO CASTRO ARENAS. Panamá y el Perú en el siglo XVI[M]. Ciudad de Panamá: Universal Books, 2008.

[19] MARIO JOSÉ MOLINA CASTILLO. El legado histórico de Panamá la Vieja[M]. Balboa: Ediciones Balboa, 2017.

[20] MERCEDES LUISA VIDAL FRAEITTS. La catedral de Panamá [M]. Buenos Aires: INAC, Impresora La Nación, 1990.

[21] MICHAEL L CONNIFF. Panama and the United States: The Forced Alliance[M]. Athens: University of Georgia Press, 1992.

[22] OMAR JAÉN SUÁREZ. Geografía de Panamá [M]. Ciudad de Panamá: Biblioteca de la Cultura Panameña, Impreso en los talleres de la imprenta del Banco Nacional de Panamá, 1986.

[23] OMAR JAÉN SUÁREZ. La población del istmo de Panamá. Estudio de Geohistoria [M]. Madrid: Ediciones de Cultura

Hispanica Sociología y política, 1998.

[24] OMAR JAÉN SUÁREZ. 500 años de la cuenca del Pacífico: Hacia una historia global[M]. Madrid: Doce Calles, 2016.

[25] RAMÓN GUTIÉRREZ. Panamá Viejo y Portobelo. La huella de la historia[M]. Madrid: Agencia Española de Cooperación Internacional : Fundación Carolina, 2004.

[26] ROBERT C. Harding. Military Foundations of Panamanian Politics[M]. New Jersey: Transaction Publishers, 2001.

[27] RUBÉN D CARLES. 220 años del periodo colonial en Panamá [M]. Ciudad de Panamá: Talleres de Artes Gráficas de la Escuela de Artes y Oficios "Melchor Lasso de la Vega", 1969.

[28] ROBERT FUSON. The Savana of Central Panama: A Study in cultural geography [M]. Baton Rouge: Louisiana State University, 1958.

[29] RUSSELL CRANDALL. Democracia a la fuerza: intervenciones estadounidenses en la República Dominicana, Granada y Panamá[M]. Madrid: Editorial Manuscritos, 2011.

[30] STEVE C ROPP. Panamanian Politics: From Guarded Nation to National Guard[M]. New York: Praeger Publishers, 1982.

[31] WALTER LAFEBER. The Panama Canal: The Crisis in Historical Perspective [M]. New York: Oxford University Press, 1990.

世界工程史上的奇迹——巴拿马运河（王祎摄）

举世闻名的巴拿马海景（王祎摄）

繁华的巴拿马城（王祎摄）

西班牙殖民时期的巴拿马古建筑遗址（王祎摄）

巴拿马科隆自由贸易区（王祎摄）

在巴拿马举办的国际展会（王祎摄）